Édition : Clémentine Sanchez
Mise en pages : Élisabeth Chardin
Design couverture : Antartik
Illustration couverture : Astrid Cornet

10, place des Cinq-Martyrs-du-Lycée-Buffon
75015 Paris
ISBN : 978-2-36704-263-3

Élisa Valentin et Vincent Azé

Desperate Housedad

LEDUC.S
HUMOUR

PRENDS-TOI ÇA DANS TA PRÉFACE !

Lui : « Papa, c'est quoi un homme ? »

Moi : « Un homme ?... Un homme, c'est celui qui est capable de s'occuper de son foyer, de sa famille, de sa maison. Un homme est capable de veiller au bonheur et à la sécurité des siens et de s'assurer que les gens qu'il aime ne manquent de rien. »

Lui : « Alors quand je serai grand, je veux être un homme, papa ! Un homme comme maman ! »

Soyons francs, nous, les papas, par rapport aux mamans, avons un petit peu de retard. Légèrement conditionnées en jouant à la dînette, à la poupée, dès 5 ans, la plupart des filles savent qu'un jour elles seront mamans... Alors que nous...

... il nous faut presque 30 ans pour comprendre et surtout admettre que nous ne serons jamais Batman !

Mais ce monde sexiste a tendance à disparaître, et c'est tant mieux ! Aujourd'hui, notre épouse, femme, fiancée, concubine, chérie, ex-femme, ex tout court ou encore partenaire, travaille ! Et parfois, elle travaille beaucoup plus que nous, n'en déplaise à l'arrière-garde réactionnaire. Tremble, Éric Zemmour !

Il arrive également à nos chères et tendres de partir en séminaire, de quitter le domicile pour aller voir de la famille, de sortir avec des copines, de partir en week-end, en vacances, et là..., elles nous laissent seuls ! Seuls ?! Seuls !

À vrai dire, pas vraiment...

Avant de nous abandonner comme des animaux apeurés sur une aire d'autoroute, ce ne sont pas des croquettes qu'elles nous ont laissées à la maison. Non. Mais une, voire deux, voire beaucoup plus... reproductions (plus ou moins fidèles et/ou légitimes) de nous-mêmes que l'on appelle des « enfants ».

Et, continuons à être honnêtes, nous n'avons pas été formatés pour le partage des tâches et, par conséquent, la tache, c'est qui, hein ? Ben c'est nous ! Oui, nous avons progressé, oui, nous nous occupons mieux de nos enfants, oui, nous les emmenons à l'école, oui, nous prenons le temps de jouer avec eux. Il nous arrive même parfois de leur faire à manger (en ce qui me concerne, faire à manger consiste à nous faire livrer...). Alors soyons réalistes, nous n'avons pas les bons réflexes ni le talent pour tout gérer en solitaires.

Autant nous savons très bien nous débrouiller pour trouver le cinéma, le café, le bouton pour démarrer la PS4, naviguer sur Netflix, poster sur Instagram... Autant gérer un ou plusieurs gamins, eh bien nous n'y sommes pas préparés. Nous avons des siècles de retard sur les mamans. Bien obligé de faire face au problème, *Desperate HouseDad* va vous livrer quelques clés pour assurer un max !

Papas, que nous soyons momentanément isolés avec notre descendance ou que nous soyons divorcés, séparés ou tout autre adjectif peu élogieux se terminant en « -és », voici dans ces quelques pages indispensables :

- des conseils utiles ;
- des conseils futiles ;
- des astuces pas si stupides que ça ;
- des méthodes pratiques.

Desperate HouseDad est LE manuel du papa qui se retrouve solo* pour bien s'occuper de ses petites têtes blondes, châtaines, noires, rousses, et même bleues ou rouges lorsqu'il s'agit d'ados rebelles de la forêt !

Avec ce livre, vous allez assurer, encore mieux qu'une maman.

Enfin... presque !

#DADPOWER

**Quand je dis « papa solo », ça n'a rien à voir avec Han Solo de* Star Wars. *Han Solo n'a visiblement pas lu ce livre, quand on voit que son fils est devenu Kylo Ren, digne successeur de Dark Vador.*

OPÉRATION

Parce qu'être un super-papa, c'est une multitude de missions...

Saison 1

UNE JOURNÉE D'ENFER !

01. Mission « Réveil »

02. Mission « Habille tes mômes »

03. Mission « École »

04. Mission « À table ! »

05. Mission « Sortie de l'école »

06. Mission « Devoirs »

07. Mission « Début et fin de soirée »

08. Mission « Couche tes mômes »

09. Mission « Repos »

10. Mission « Bobos »

DESPERATE HOUSEDAD

Saison 2

BONUS DHD (DESPERATE HOUSEDAD)

01. Mission « Charge mentale »

02. Mission « Dernière minute »

03. Mission « Nourrisson »

04. Mission « Anniversaire »

05. Mission « Traduction »

06. Mission « VDM »

07. Mission « Week-end »

08. Mission « Pourquoi, papa, hein ? Pourquoi ? »

09. Mission « Ze End »

10. Mission « Remerciements »

PRÉAMBULE

Ne me quitte pas

Vous êtes devant la porte d'entrée de votre domicile. Vous voyez votre femme partir avec sa valise et son savoir-faire. Elle se retourne, souriante. Vous, vous avez la gorge nouée et la larme à l'œil. C'est la première fois que vous allez devoir tout gérer, seul, à la maison. Avant de disparaître, elle vous envoie un dernier baiser d'un geste de la main qui veut dire « Je t'aime » ou... « Bon courage, mon chéri, je vais un peu souffler pendant que toi, tu vas manger ta race/grave/tu vas prendre cher ! »

Autre contexte : vous êtes séparé, divorcé... Là, en laissant vos enfants sur le pas de la porte, c'est elle qui a la larme à l'œil. Ce sentiment, vous le connaissez, car vous ressentez le même dans votre petit cœur de mâle malheureux un week-end/une semaine sur deux... Chacun son tour !

Vous n'avez pas le temps de fermer la porte que vous entendez déjà des cris et des pleurs dans la chambre, annonçant le départ des festivités... C'est parti !

Il ne faut pas appréhender d'être seul avec ses enfants. Dites-vous que vous avez la chance de les avoir pour vous tout seul. Alors oui, c'est plus de boulot que votre travail rémunérateur. Oui, vous allez enfin comprendre ce que votre maman endurait quand elle vous élevait à l'ancienne, à l'époque où les femmes devaient tout faire toutes seules, devoirs, lessive, repassage, repas, ménage, et la liste est bien trop longue pour tout dire. Vous aimiez déjà votre mère ? Vous allez la vénérer !

Avoir pour soi ses enfants, c'est aussi le plaisir d'avoir des moments privilégiés avec eux. Des moments de bonheur qui resteront gravés dans votre mémoire à tout jamais et, on l'espère, dans la leur aussi. Mais pour pouvoir bien en profiter, il faut être hyperorganisé. Et je vais vous révéler le premier secret pour faire de ces instants un moment de pure joie : l'AN-TI-CI-PA-TION !

Eh oui, comme disait Pierre de Coubertin, l'important, c'est d'anticiper* !

Vous êtes prêts ? Allez, les gars ! On ferme les yeux, on inspire un grand coup et on enfile sa panoplie de super-papa ! *Go* ! *Go* ! *Go* !

**Oui, je sais, il n'a pas vraiment dit ça, mais comme il a un peu participé (on y vient) à l'éducation de son fils, il aurait très bien pu le dire.*

Saison 1

UNE JOURNÉE D'ENFER !

« Y a pas de bons pères,
y a que des hommes qui font
de leur mieux. »

Papa - Big Flo & Oli

Alors tournons les pages
et faisons de notre mieux !

01 MISSION « RÉVEIL »

Vous êtes du genre à penser que le réveil nuit gravement à la santé ? Vous aimez prendre votre temps le matin ? Déguster votre petit café tranquille devant BFM ou CNews ? Rester un quart d'heure dans la salle de bains pour vous raser ou peigner votre barbe ?

Seulement voilà, tout ça, c'est terminé ! Vous devez vous occuper de vos enfants !

Mais ce n'est pas un problème, parce que grâce à ces conseils, vous allez pouvoir continuer à profiter de la tranquillité avant la bataille. Eh oui, l'astuce est toute simple (et testée par 100 papas cobayes), et l'efficacité prouvée : il faut se réveiller une heure avant la marmaille !

Premièrement, vous aurez ainsi un crédit-temps pour :

- retirer les allumettes que vous avez sous les yeux sans prendre feu ;
- vous injecter une dose de caféine en intraveineuse pour activer vos neurones ;
- prendre une douche afin de ressembler à ce qui se rapproche d'un être humain.

Ensuite, vous serez totalement alerte pour vos enfants et vous n'aurez plus besoin de :

- les sortir du lit tel un sergent-chef recruteur de l'Armée de terre ;

- les speeder pour qu'ils prennent leur petit déjeuner en trente secondes au lance-pierre ;

- les stresser pour qu'ils s'habillent plus vite que leur ombre encore restée dans le lit pour ensuite courir direction l'école ou la crèche.

Si vous réveiller est très éprouvant pour vous, acceptez qu'il en soit de même pour eux. Le fait d'être entièrement disponible pour vos petits amours va faire de vos matins un enchantement digne d'un dessin animé de Walt Disney avec les petits oiseaux qui chantent et les lapins qui donnent le tempo avec leurs papattes.

Vous allez enfin pouvoir :

- prendre le temps de les réveiller avec douceur ;

- discuter paisiblement pendant le petit déjeuner ;

- et partir tranquillement à l'école.

Un bon réveil conditionne positivement le quotidien des enfants. Ils passeront une meilleure journée et, surtout, ils se coucheront avec bonheur, le sourire aux lèvres, ce qui vous comblera aussi !

Bien réussir le réveil

Comme je vous l'ai dit précédemment, rien ne vaut l'AN-TI-CI-PA-TION. Un bon réveil se prépare la veille. Avant de coucher les enfants, il est impératif de préparer leurs affaires du lendemain.

Le cartable

Après leurs devoirs du soir, vérifiez avec eux qu'ils ont bien tout rangé dans leur cartable.

Check-list

- ✓ La trousse
- ✓ Le cahier de textes (contrôlez que tous les devoirs et éventuelles punitions ont été faits)
- ✓ Les livres dont ils auront besoin le lendemain
- ✓ Le carnet de correspondance (vérifiez ce que vous avez à signer ou que votre ado a bien imité votre signature)
- ✓ La carte de cantine, scolaire, de bus...
- ✓ Le goûter (avec un petit mot pour leur dire qu'ils sont les meilleurs)

Ces éléments sont la base. Il arrive aussi qu'il y ait sport, alors n'hésitez pas à regarder leur emploi du temps, au risque que l'on vous considère comme un père démissionnaire et d'avoir toutes les associations « Je Gère Mieux Que Vous » sur le dos si vous avez omis le short et les baskets ou encore les affaires de piscine.

Une fois que le cartable est prêt, demandez à votre enfant de le déposer près de la porte d'entrée. Ainsi, le lendemain matin, vous ne perdrez pas de temps à faire le cartable et, surtout... surtout, vous ne l'oublierez pas avant de partir (le cartable, pas l'enfant). Il arrive cependant parfois que certains papas n'ayant pas appliqué la règle numéro 1 de la mission « Réveil » (la caféine) trébuchent dans ledit cartable. Dans ce cas, il convient de garder son calme, et surtout sa dignité quand on s'explose le genou contre l'armoire à chaussures.

Les vêtements

Pour être bien peinard le matin et ne pas avoir la tête dans les tiroirs de la commode à la recherche du caleçon ou de la culotte propre au dernier moment, l'idéal est de préparer les affaires des enfants la veille. Bien entendu, il faut le faire avant de les coucher si leurs placards se trouvent dans leur chambre.

Vous pouvez également les mettre à contribution pour le choix des vêtements, cela les impliquera davantage et ils se sentiront responsabilisés, mais, surtout, cela vous évitera le lendemain une minicrise s'ils ne veulent plus mettre le tee-shirt Ladybug ou Batman...

Pour que ça devienne un réflexe, faites-le toujours au même moment, par exemple à l'heure où ils se mettent en pyjama après la douche. Ritualiser permet de réaliser toutes ces actions, contrairement aux antibiotiques, de façon automatique.

Petite astuce ! Aujourd'hui, il existe de plus en plus d'applications en sus des bulletins météo pour s'assurer du temps et de la température du lendemain afin de ne pas se tromper sur le *dress code* à adopter. On évite de les faire partir en short ou en jupe si Météo France a prévu -12 °C et, inversement, en doudoune et Moon Boot® si le mercure frôle les 30 °C.

Check-list

- ✓ Boxer/slip/caleçon/petite culotte
- ✓ Chaussettes/socquettes ou collant/leggings
- ✓ Pantalon/jean/robe ou bermuda/jupe
- ✓ Chemise/chemisette/tee-shirt/polo
- ✓ Veste/cardigan/pull

Et en hiver, on n'oublie surtout pas :

- ✓ Tour de cou
- ✓ Écharpe
- ✓ Gants/moufles
- ✓ Cache-oreilles (pour les filles, c'est hypertendance)
- ✓ Bonnet (la cagoule, c'est plus trop à la mode, les gars)
- ✓ Bonus « Papa au top » : un paquet de mouchoirs dans la poche

Comme les enfants aiment la routine (ça a un côté rassurant), on en profite. On pose les vêtements au même endroit tous les jours, histoire de pas chercher la pile pendant deux heures.

On peut les poser sur la chaise de leur bureau, dans la salle de bains ou encore dans le salon.

Là, je vous le dis, on commence à être bien !

On s'arrête là pour cette mission ou il vous reste encore un peu d'énergie pour aller plus loin ?

Allez ! Puisqu'on a déjà fait tout ça et qu'on a gagné plein de temps pour demain matin, une dernière petite astuce en bonus...

Une fois que vos enfants sont couchés, et avant de prendre du temps pour vous, je vous conseille de préparer la table pour le petit déjeuner. Vous avez débarrassé (avec l'aide de vos bambins, bien entendu) la table du dîner, il ne vous reste plus qu'à passer un coup d'éponge. Vous ajoutez bols, verres, corbeille de pain, céréales, et tout ce qui n'a pas besoin de sortir du réfrigérateur. Ça ne représente pas un effort de dingue, et c'est toujours ça que vous n'aurez pas à faire au petit matin ! On optimise son timing ! Alors ? Elle est pas belle, la vie !

Maintenant, vous pouvez vous installer sur le canapé et mettre un film ou poursuivre l'épisode 523 de la saison 17 de votre série préférée !

Récap' en un coup d'œil

1. Après les devoirs, on fait le cartable que l'on dépose dans l'entrée.

2. Après la douche, on prépare les vêtements du lendemain.

3. Après le coucher, on installe la table du petit déjeuner.

4. Enfin, on pose ses fesses sur le canapé et on souffle !

Debout là-dedans !

Vous vous êtes donc levé avant tout le monde. Cela fait une heure que vous êtes à fond, vous êtes tout propre, tout parfumé, tout prêt. Limite vous êtes impatient de réveiller vos petits monstres car vous commencez sérieusement à tourner en rond.

Eh bien c'est parfait, allons-y !

Chaque enfant a son propre rythme de vie et il est important d'essayer de le respecter au maximum. Si vous êtes papa de plusieurs enfants, soyez attentif à leur façon de réagir le matin. Certains se lèveront comme une balle en parlant plus vite qu'un commentateur sportif, alors que d'autres mettront minimum dix minutes avant de réussir à soulever une paupière. Soyez malin. Calculez le temps qu'il faut à votre enfant pour sortir de la couette, s'habiller, prendre son petit déjeuner et se retrouver devant la porte pour aller à l'école. Et... acclimatez-vous. Réveillez en premier celui qui a besoin de plus de temps et, dix minutes plus tard, celui qui est le plus rapide. Vous pourrez ainsi mieux vous occuper de la tortue, car le lièvre aura besoin de votre assistance moins longtemps.

Tout doucement

Oui, je préconise la douceur pour le réveil. J'ai toujours fait ainsi pour mes enfants. Ce qui ne les a jamais empêchés d'avoir envie de me détester tant ils voulaient rester au lit – un enfant reste un humain avant tout. Je leur caresse tendrement les cheveux et, d'une voix douce, je leur annonce que c'est l'heure de se lever. Un réveil agréable annonce une journée agréable.

Quand ils sont tout petits, c'est-à-dire tant que vous arrivez encore à les porter sans vous bloquer le dos, vous pouvez les porter jusque dans le salon ou la cuisine. C'est une sorte de sas entre le sommeil et le réveil. Un câlin transitoire très agréable pour chacun. Vous sentez leur chaleur (et parfois leur mauvaise haleine) et eux l'odeur de votre mousse à raser ou crème de jour, de quoi leur alimenter une bonne madeleine de Proust pour plus tard quand à leur tour ils se raseront la barbichette. S'il fait un peu frais, un petit plaid autour d'eux évite une confrontation avec la différence de température entre leur couette et la fraîcheur de votre domicile. Appelé aussi choc thermique, du rêve à la réalité.

Le petit déjeuner

Il est peut-être inutile de le rappeler, mais il est très important que votre enfant parte à l'école le ventre plein. Et puis ça en ingurgite des calories, ces petits monstres ! Entre leur croissance et toute l'énergie qu'ils déploient (courses, corde à sauter, parties de foot, concentration à l'école, etc.), ils dépensent un maximum de calories !

Une femme a un besoin de 2 100 kcal/jour, un homme, de 2 500 kcal/jour. Maintenant, voyons ce que ça donne pour les enfants.

Besoin calorique par jour

Entre 1 et 3 ans = 1 300 kcal
Entre 4 et 6 ans = 1 800 kcal
Entre 7 et 9 ans = 2 000 kcal
Entre 10 et 14 ans = 2 000 kcal (filles) ;
2 500 kcal (garçons)
Entre 15 et 18 ans = 2 200 kcal (filles) ;
3 000 kcal (garçons)

Si vous faites la comparaison, une sorte de calcul savant impliquant la taille et le poids, entre ce dont les adultes et les enfants ont besoin, vous n'êtes maintenant plus étonné par leur capacité à se goinfrer toute la journée ! Il faut bien que ces « petits bouts » se développent, quitte à faire un crédit conso chez Cetelem ou Cofidis...

Un petit déjeuner équilibré

- **Une boisson** pour s'hydrater.
- **Un produit laitier** (très important pour la croissance, il apporte calcium et protéines) ou boisson végétale à base de soja, d'amandes, de coco...
- **Un produit céréalier** – 1/5 de baguette ou 30 g de céréales nature. Les glucides sont bons pour fournir de l'énergie à l'organisme et mettre du carburant dans leur petit cerveau.
- **Du beurre** – un petit peu sur le pain, comme ça, ils ont la dose de lipides – qui renforce les défenses immunitaires et apporte de la vitamine D.
- **Du sucre**, par exemple de la confiture ou du miel sur les tartines.
- **Un fruit frais**. Eh oui, on n'oublie pas la vitamine C ! Pas facile de leur faire avaler une orange ou un kiwi au réveil, mais en découpant le fruit, présenté dans un petit

ramequin, ça passe crème, comme ils disent. Et puis tentez au maximum de varier les plaisirs, car, vous le savez comme moi, leurs goûts changent tout le temps. Pendant un mois, ils ne voudront que des bananes, et puis du jour au lendemain, ils ne jureront que par le raisin… Faites des gosses, qu'ils disaient…

Habillage

Après un passage dans la salle de bains – pour, *a minima*, un brossage de dents et de chevelure en mode pétard explosé –, on laisse les plus grands s'habiller tout seuls et on aide bien entendu les plus petits.

Attention ! Cette opération peut s'avérer plutôt longue avec les plus petits, surtout s'ils sont agités.

Sur le départ

Tout est bon ? On enfile les blousons et hop ! Direction l'école !

Pense-bête

Évidemment, dans votre timing, n'oubliez surtout pas le temps qu'il vous faut pour vous rendre à l'école ! En zone urbaine, on n'est généralement pas très loin, à pied, c'est vite fait. Mais en zone périphérique, on n'oublie pas de prendre en compte le temps de trajet et les éventuels embouteillages. Les enfants ont horreur d'arriver en retard, car ils n'aiment pas se faire remarquer, alors si vous ne voulez pas qu'ils vous détestent toute la matinée, gérez le temps !

02 MISSION « HABILLE TES MÔMES »

Nous l'avons survolé dans la première mission, il faut préparer les vêtements à l'avance. Facile à dire, moins facile à faire.

Avec un enfant de moins de 7 ans, c'est tout de même assez facile. On peut encore choisir pour lui, alors on reste dans la sobriété, même si l'on peut s'autoriser un petit tee-shirt de princesse ou de super-héros. Mais on évite qu'il soit sponsorisé dessin animé de la tête aux pieds. Si j'écoutais mon fils, il partirait avec ses baskets Star Wars, ses chaussettes Captain America, son short Spiderman, son tee-shirt Ninjago et son écharpe Harry Potter (oui, il fait 28 °C dehors, et alors ?!).

Et si on faisait dans le basique, plutôt ? Que ce soit pour les filles ou pour les garçons, jouez sur des couleurs sobres, ça vous évitera la faute de goût.

Si votre enfant a plus de 7 ans, c'est compliqué. Certains vont vouloir mettre leur maillot de foot PSG, Nantes FC, TFC (au choix et liste non exhaustive) avec le joli bas de jogging déjà porté depuis plus de quatre jours. D'autres préféreront une magnifique robe avec des volants parce qu'elle tourne toute seule et qu'en plus, avec le legging sublimissime orange fluo, ça le fait trop. Bon, euh… On leur rappelle gentiment que le carnaval à l'école, ce n'est pas tous les jours !

Si votre enfant est un préado ou un ado… bon courage ! Vous n'avez plus votre mot à dire. J'ai essayé avec ma fille, ça n'a pas été facile de négocier. De toute façon, on ne comprend rien à la mode, on n'est pas *fashion* ! On est *old school*, à la limite du *has been* vestimentaire. Quand on était petit, il n'y avait même pas de portables et on cherchait des infos sur le Minitel (« Le quoi ?! », rétorque l'ado blasé) en jouant au Rubik's Cube, trop le seum !

Le seul moment où vous détenez le pouvoir avec votre ado, c'est lorsque vous devez lui acheter des fringues. C'est l'unique occasion où vous pouvez apposer votre droit de véto ! Alors faites bien attention, lorsque vous acceptez de lui prendre un vêtement dans une boutique, si vous le trouvez vraiment trop moche, évitez de dégainer la CB, car une fois le vêtement dans le placard, eh bien oui, il le mettra !

> Pour assurer au maximum, on en fait le minimum : on habille ses enfants sobrement !

Papa séparé ou divorcé

Même si leur chère maman d'amour vous a préparé une petite valise avec « tout ce qu'il faut dedans », je vous conseille d'avoir votre propre collection hiver/été !

Pour trois raisons principales :

- quand vous rendrez la valise à votre ex, tout sera propre et plié (et pour cause, vous n'aurez rien touché !) ;
- vous n'aurez pas à justifier d'une chaussette disparue (certainement avalée par ce fumier de lave-linge !), d'un tee-shirt blanc devenu rose (« Ah bon, on ne mélange pas le blanc et les couleurs ? »)* ;
- surtout, vous allez pouvoir choisir les fringues qui vous plaisent !

* Eh oui, on n'y pense pas, mais on évite de faire des machines mélangeant le blanc et les couleurs. C'est la base ! Par ailleurs, pour éviter que le linge change de taille, on lave à 30 °C en mode fragile. Comme ça, votre enfant de 8 ans ne se retrouvera pas avec un tee-shirt taille 4 ans et ne passera pas pour un loser dans votre quartier !

Acheter des vêtements

Ne nous mentons pas : nous, les garçons, ne sommes généralement pas au top des dernières tendances. Il nous semble déjà compliqué de ne pas ressembler à un clown, et maintenant, il va falloir enfiler notre panoplie de Cristina Cordula pour habiller nos chérubins.

Surtout, pas de panique !

Première étape, on se bloque une journée pour faire les achats. Si vous avez une bonne copine qui veut bien vous filer un coup de main, acceptez !

LISTE DE COURSES		
Filles		**Garçons**
Culottes	Au moins 7	Slips ou boxers
Chaussettes	Au moins 7	Chaussettes
Jeans foncés	Au moins 2	Jeans foncés
Tops	Au moins 3	Marcels
Tee-shirts unis	Au moins 5	Tee-shirts unis
Pulls	Au moins 2	Pulls
Tenue de sport	Au moins 1	Tenue de sport
Baskets	Au moins 1	Baskets
Chemises de nuit/ tee-shirts *big size*	Au moins 2	Pyjamas

Habille ton ado

ATTENTION ! *WARNING* ! *ACHTUNG* ! *ATENCIÓN* !

Autant pour habiller les moins de 12 ans, ça reste à peu près gérable, car ils sont dociles... Mais après 12 ans... DANGER !

J'ai une ado chez moi. Elle s'habille avec des couleurs dont j'ignorais même l'existence ! Pantalon bleu électrique, tee-shirt à rayures aux couleurs de l'arc-en-ciel inversé, vernis à ongles orange, rouge à lèvres violet, résultat : si elle croise un caméléon, il fait un AVC !

Le côté pratique

Si, sur l'autoroute, vous tombez en panne de voiture et que vous n'avez pas pensé à prendre votre triangle de sécurité, pas de souci ! Prenez votre ado « sapin de Noël » et posez-le à 10 mètres !

L'astuce !

Pour plus de simplicité, faites ces achats avec votre ado. Prenez toute une journée et faites-en un moment privilégié. Il ne s'agit pas uniquement de faire les boutiques et de rhabiller votre ado rebelle pour l'été ou pour l'hiver. Non, c'est aussi une opportunité de passer du temps ensemble, de vous faire un petit kebab salade-tomate-oignon, des tacos (ou une petite salade de quinoa pour les bio-véganes), et de parler : de ses passions, de ce qui le préoccupe. On s'intéresse à lui ! On l'écoute ! Sans râler ! Ne voyez pas ça comme une corvée, même si votre ado a la motivation d'une loutre en pleine hibernation, vous devez positiver ce moment !

L'avis du papa Jean-Luc Lemoine

« Je me garderai bien de donner des conseils, car être parent est une école d'humilité. Vous partez avec des principes et après, vous faites ce que vous pouvez. Je peux juste dire que l'art de l'habillement tient beaucoup de la ruse.

« Souvent, les garcons s'habillent avec ce qui leur tombe sous la main, sans réfléchir à une coordination entre les différents vêtements. Et surtout sans voir le problème qu'il y a à porter encore à 12 ans un tee-shirt taille 6 ans, maintenant un peu ajusté. Donc si vous voulez décider pour lui de ce qu'il va porter, tout en lui laissant l'illusion du libre arbitre, posez simplement sur le haut de sa pile ce que vous avez choisi la veille. Il n'y verra que du feu.

« Vient ensuite l'opération moralement difficile du kidnapping des vêtements trop petits. Car pour éviter la tentation de les porter, il faut les retirer de leur vue. Un habit, c'est comme une bonne chanson, c'est plein de souvenirs... Sauf qu'on ne peut pas les numériser. Alors à moins d'avoir une maison assez vaste pour condamner deux pièces et en faire un musée, il faut réussir à exfiltrer les indésirables pendant l'absence des enfants. Si vous leur demandez, ils ne voudront jamais donner ni jeter (si le vêtement est trop abîmé). Mais rassurez-vous, si vous le faites discrètement, ils ne se rendront même pas compte de la disparition du sweat dont ils ne pouvaient pas se séparer. En cas de problème, improvisez : "Ton jean ?... Je ne sais pas... Enfin si, j'ai ma petite idée... Je ne veux pas que tu sois triste mais je crois qu'il a fait une fugue... Non, je ne me moque pas de toi. Ça arrive très souvent... C'est très indépendant, un jean." Vous ne serez pas très fier de vous, mais au moins, ça exercera votre enfant à comprendre très jeune ce que sont les *fake news*. »

Fiche pratique : lave ton linge !

Il est temps de se servir de cet instrument surprenant que l'on appelle « lave-linge ». Pas facile de comprendre, avec cet alphabet digne des habitants de la planète Avatar. Voici notre pierre de rosette pour nous en sortir !

Lavage à la main uniquement, à une température maximale de 40 °C, rinçage normal et essorage avec précaution.

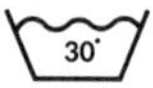

Lavage en machine à la température maximale indiquée en degrés Celsius.

Les températures les plus courantes sont :

30 °C	couleurs délicates ;
40 °C	tee-shirts couleurs, sous-vêtements avec élastiques ;
60 °C	tee-shirts blancs, draps couleurs ;
95 °C	tee-shirts blancs, draps blancs.

Mais attention, ce n'est pas fini ! Parfois il y a des gros traits sous le symbole !

Sans trait	Programme coton (vitesse maximale). Action mécanique normale, rinçage normal et essorage normal.
1 trait	Programme synthétique (vitesse moyenne). Action mécanique réduite, rinçage à température décroissante et essorage réduit.
2 traits	Programme laine (vitesse minimale). →

Ne pas laver en machine ! T'as pas le choix, il faut aller au pressing !

Pour le linge blanc :

Tous types de blanchiments autorisés.

Blanchiment à base d'agents oxygénés uniquement.

Blanchiment à proscrire.

Blanchiment exclu.

03 MISSION « ÉCOLE »

C'est bientôt la fin de la journée. Pour nos enfants en tout cas. Il va donc falloir aller les chercher, au risque de vous prendre les reproches (justifiés, oui, oui !) de l'école et d'avoir une jolie soupe à la grimace de la part de vos grincheux, un missile atomique de la part de votre partenaire et de bonnes séances de psy pour votre bambin afin qu'il ne vous en veuille pas à vie de l'avoir oublié sur le parvis de l'école.

Ce n'est pas que nous ne sommes pas heureux de les récupérer, mais c'est juste que cela demande une organisation extrême, surtout quand on travaille. Loin de moi l'idée de critiquer l'Éducation nationale, mais nous n'avons de toute évidence pas les mêmes horaires. Généralement, ils finissent vers 15 h 45, et s'ils restent aux activités périscolaires, on a le droit à deux heures de rab. Et nous, parents, terminons au mieux à 18 heures…

Reste également la solution du centre de loisirs, de l'étude, etc. Mais cela requiert de bien prévenir nos bambins à l'avance et de voir si cela est possible, s'il reste de la place… Quand la prise en charge est exceptionnelle, ce n'est pas gagné.

Si vous en avez les moyens, vous pouvez aussi faire appel à une baby-sitter ou une nounou.

Vous avez enfin la solution de poser une RTT. Cela peut être la solution idéale s'il vous en reste à prendre. Si vous êtes à sec, tentez de négocier avec votre supérieur et implorez son indulgence. Certaines conventions collectives chanceuses offrent même des journées enfant malade.

L'astuce qui sauve la vie

Je rappellerai ici l'importance de sympathiser avec d'autres parents d'élèves qui pourraient prendre en charge votre enfant. Pour ce faire, n'hésitez pas à prendre un peu de temps le matin pour boire un café avec eux, participer à quelques sorties scolaires, amener votre enfant aux anniversaires. Il y aura bien un papa ou une maman avec qui vous aurez des atomes crochus et en qui vous aurez une pleine confiance afin de lui laisser l'amour de votre vie l'espace de quelques heures. Cependant, il faut savoir qu'un jour, ça sera à vous de prendre en charge leurs petits loups en échange. C'est ça, le troc moderne !

Organisation sortie d'école

- Option 1 : laisser son enfant aux activités périscolaires
- Option 2 : laisser son enfant à l'étude
- Option 3 : avoir une baby-sitter
- Option 4 : prendre une RTT
- Option 5 : confier son enfant au parent d'un ou une petit(e) camarade

Attention !

Lorsque vous allez chercher votre progéniture à la sortie de l'école, il est impératif de vous munir d'un goûter sous peine de passer un sale quart d'heure ! Alors assurez votre barda. On ne sait pas ce qui se passe durant une journée à l'école, mais on a l'impression qu'ils oublient de nourrir les mômes. À 16 heures, un gosse se goinfre de l'équivalent de trois menus Happy Meal ! Bon, j'exagère. Mais n'oubliez pas de nourrir la bête.

Le goûter doit apporter environ 15 % des apports énergétiques quotidiens :

- chez les 3-5 ans : 200 kcal ;
- chez les 6-9 ans : 250 kcal ;
- chez les 9-12 ans : 400 kcal environ.

Si votre enfant n'a pas de problème de poids, laissez-le manger à sa guise. Mais n'oubliez tout de même pas qu'il vaut mieux un goûter équilibré à base de fruits, pain, chocolat et un laitage. Évitez de préférence les boissons sucrées – un soda de 33 cl, c'est à peu près l'équivalent de 7 morceaux de sucre !

Je sais combien il est plus facile de foncer à la boulangerie et d'en ressortir avec des chocolatines (oui, je suis du Sud et j'assume !) ou des « raisintines » (non, là je déconne, je voulais dire des pains aux raisins). Ou encore d'arriver avec un paquet de gâteaux pleins d'acides gras saturés, d'huile de palme ou encore de E503ii. Je suis le premier à me jeter sur les solutions de facilité, mais il n'y a pas de raison qu'il n'y ait que moi qui culpabilise !

Activités scolaires

Si vous êtes surmotivé ou que vous n'arrivez pas à lâcher votre enfant, vous pouvez devenir représentant de parents d'élèves. Cela vous permettra d'assister aux conseils d'école, d'administration, de classe et parfois même de discipline. Vous deviendrez un référent et un lien entre parents et professeurs.

Deux associations de parents d'élèves dominent, ce sont la FCPE et la PEEP. Même si elles se disent apolitiques, dans les faits, la première est plutôt à gauche et la seconde plutôt à droite. Mais vous pouvez également choisir d'autres associations comme l'UNAAPE ou l'APEL (pour le privé).

Sinon, si, tout comme moi, vous ne disposez pas d'assez de temps pour vous investir pleinement dans la vie scolaire, vous pouvez participer à certaines sorties. Il n'est pas rare que l'on demande de l'aide aux parents pour accompagner les enfants voir des spectacles, visiter des zoos ou encore à des sorties classes vertes. Parlez-en à vos enfants : certains adorent que leur papa vienne car ils se sentent privilégiés et fiers ; pour d'autres, en revanche, ce n'est pas super-cool, car ils doivent alors être sages toute la journée et en plus, avoir son « vieux » qui vient, ça craint !

Pour ceux qui savent bien nager, vous pouvez également accompagner de temps en temps la classe de votre sirène ou pirate dans l'eau. Dans ce cas-là, sachez qu'il y a un agrément à obtenir – très facile à passer, je dirais – qui se déroule en deux temps : une partie théorique, pour laquelle je vous conseille de prendre plusieurs cafés à l'avance car c'est assez soporifique et d'un ennui digne d'un discours politique, où vous apprendrez que l'eau, ça mouille et que le bonnet de bain, ça gratte ; il y a également une partie pratique aussi physique qu'une partie de pétanque au camping en plein mois de juillet, où les maîtres-nageurs vous demandent d'exécuter certains exercices basiques (plonger/aller sous l'eau/nager). C'est tellement simple qu'en sortant vainqueur de l'examen, j'avais le sentiment d'être Florent Manaudou (pour la performance, pas pour le physique). Une fois l'agrément en poche, vous pourrez accompagner tous ces têtards dans l'eau ! Et là, vous pourrez vous la péter à la pistoche avec votre joli bonnet en latex et votre maillot poutre apparente en Lycra®.

Adresses utiles

Pour les associations de parents d'élèves

- ✓ www.peep.asso.fr
- ✓ www.fcpe.asso.fr
- ✓ www.unaape.asso.fr
- ✓ www.apel.fr

Pour les nounous

- ✓ www.babysittor.com
- ✓ www.yoopies.fr (disponible en appli sur IOS et sur Androïd)

Pour l'agrément piscine

Il faut être capable de :

- sauter sans crainte dans le grand bain et se laisser remonter passivement sans reprise d'appui ;
- nager 25 mètres ;
- surnager en position verticale pendant 1 minute ;
- rester immobile 10 secondes sur le ventre (faire l'étoile de mer) ;
- rester immobile 10 secondes sur le dos (faire la planche) ;
- descendre à 2 mètres de profondeur à l'aide d'une perche ou à l'échelle et se laisser remonter passivement ;
- montrer sa capacité à aller chercher un objet immergé à 2 mètres de profondeur sans crainte ;
- accepter de porter un slip poutre apparente et un bonnet de bain ridicule.

04 MISSION « À TABLE ! »

Enfin seul !

Ils sont à l'école. Vous êtes au travail, à un rendez-vous, à un recrutement, en train de tchatter avec votre collègue sur Messenger, qu'importe : vous êtes LIBRE !

Libre, libre, c'est vite dit. Car une fois que vous aurez fini vos activités salariales ou autres, il va bien falloir penser à nourrir la bête, ou tout le parc animalier si vous en avez plusieurs dans votre zoo.

Avec un peu de chance, votre femme, votre conjointe ou partenaire a été super-sympa (ou n'a pas du tout confiance en vous) et vous a laissé le réfrigérateur plein avec tout un tas de consignes aimantées sur la porte du frigo.

Avec beaucoup moins de chance, votre femme, votre conjointe ou partenaire a tellement confiance en vous (ou s'est complètement déchargée sur vous) qu'elle vous a laissé le réfrigérateur complètement vide. Bon, en cherchant bien, il doit rester une brique de lait entamée et périmée et un Tupperware® rempli de légumes cuisinés il y a deux jours (minimum) que personne ne veut manger et surtout que personne n'ose jeter !

Ou alors, vous êtes divorcé, séparé, dépacsé ou encore célibataire, et là... faut bien se démerder tout seul !

Bref, pour combler l'estomac des fauves, vous ne couperez pas au remplissage du frigo.

Bien entendu, il y a la solution fast-food, pizza à emporter ou, encore plus simple, les applis pour feignants : Uber Eats, Deliveroo ou Just Eat. Mais avouez que ce n'est pas terrible. Déjà, d'un point de vue calorique et santé, la *junk food*, ce n'est pas top. D'accord, ça dépanne, mais on ne peut pas en consommer tous les jours, n'est-ce pas ? Si ? Hmmm, je ne crois pas non. Et puis c'est tout de même un sacré budget. Si vous en mangez un soir, les enfants seront contents et vous aussi, car votre seul geste pour cuisiner aura été de sortir le portefeuille. Mais si vous faites ça tous les jours, le seul qui maigrira dans l'histoire, c'est votre compte en banque.

Il n'y a pas trente-six solutions... Il va falloir faire à manger ! (J'ajouterais bien une musique de film d'horreur, mais ce n'est pas encore possible sur les livres, alors imaginez dans votre tête le sample de *L'Exorciste*...)

Je deviens cuistot !

Même si vous n'êtes pas un cordon-bleu, vous allez devoir vous mettre à faire la cuisine et deviner à quoi servent tous ces drôles d'ustensiles qui traînent dans les placards. Pour certains, ce sera un réel plaisir, pour d'autres, un véritable calvaire. Bienvenue dans les « 50 Nuances de Ratatouille » !

Cuisinier, c'est un vrai métier ! Je ne vais pas faire de vous un Top Chef en quelques lignes, moi-même je ne suis pas un expert des fourneaux. Mais ce que j'ai appris par la force des choses, c'est que la solution réside dans une bonne organisation. Reste à être un soupçon créatif pour varier les menus.

Pour vous simplifier la tâche, je vous conseille fortement de compter le nombre de repas à faire le temps de votre CMS (Contrat en Mode Solitaire) avec toute votre marmaille. Ensuite, vous déciderez de ce que vous leur préparerez. Prenez une feuille et un stylo, ou ouvrez votre ordinateur (jusque-là, tout va bien) et faites vos menus, si possible équilibrés. Car comme le dit si bien Florence Foresti, « les garçons, ça n'aime que la viande et les patates » ! Mais vous n'êtes plus un garçon, là, vous êtes un papa. Alors on se force et on fait un petit effort.

Exemple pour un papa avec deux enfants

Repas 1 (vendredi soir) : pavé de saumon, riz, haricots verts, laitage.

Petit déjeuner 1 (samedi matin) : jus de fruit, céréales ou pain et beurre, lait.

Repas 2 (samedi midi) : steak haché, petits pois-carottes, compote ou fruit.

Goûter 1 (samedi après-midi) : madeleines, jus d'orange.

Repas 3 (samedi soir) : salade verte, coquillettes, jaune d'œuf, fromage râpé, laitage.

Et ainsi de suite, jusqu'à votre libération.

Une fois que tous les menus sont composés, il suffit d'établir la liste des courses à faire au supermarché.

Par rapport aux menus cités en exemple, ça donne ça :

Liste de courses

- ✓ 3 pavés de saumon
- ✓ 3 steaks hachés
- ✓ 1 paquet de riz de 1 kg en général
- ✓ 1 paquet de 500 g de coquillettes
- ✓ 600 g de haricots verts
- ✓ 1 salade verte
- ✓ 1 grande boîte de petits pois-carottes
- ✓ 3 pommes Pink Lady
- ✓ 3 kiwis
- ✓ 1 boîte de 6 œufs bio
- ✓ 1 brique de lait
- ✓ 1 plaquette de beurre
- ✓ 4 yaourts nature
- ✓ 4 desserts au chocolat
- ✓ 1 boîte de céréales
- ✓ 1 baguette
- ✓ 1 sachet de madeleines
- ✓ 1 sachet de fromage râpé
- ✓ 1 l de jus d'orange au rayon frais
- ✓ 1 pot de compote de pommes (ou autre)

Facile, non ? Avec cette méthode, vous êtes certain de ne rien oublier et, surtout, vous n'avez plus besoin de réfléchir, puisque vous avez imaginé tous vos menus à l'avance. Fini le temps où, devant le frigo, vous vous demandiez, tel un mantra quotidien : « Qu'est-ce qu'on mange aujourd'hui ?... » Affaire réglée !

Opération supermarché

Jeudi soir, en sortant du travail, muni de votre pièce d'un euro ou du jeton en plastique floqué du logo du supermarché, vous avez vaillamment enfourché votre monospace (eh oui, depuis que vous avez des enfants, vous avez dû vendre votre Audi TT), direction le supermarché.

Comme par hasard, le chariot que vous avez choisi a une roue qui tourne sur elle-même et vous demande un effort incommensurable pour éviter qu'il ne roule façon crabe. Vous le poussez tant bien que mal, votre petite liste que vous cochez au fur et à mesure entre les doigts, dans les rayons, tel un jeu de piste. Soyons honnêtes, le supermarché, entre le chariot-crabe, les vieux qui marchent à deux à l'heure et la sono qui braille, ce n'est pas une partie de plaisir ! Comme dans *Koh-Lanta*, on échappe peut-être à l'épreuve des vers, mais on n'a jamais l'immunité.

Vous avez été malin, vous avez établi votre liste par rayons : légumes/fruits, laitages, féculents, gâteaux, etc. Vous avez optimisé votre temps et vous pouvez en être fier. Sauf qu'une fois arrivé à la caisse, vous vous êtes rendu compte que vous aviez oublié les œufs, et vous devez donc repartir tel un Indiana Jones de supérette à leur recherche. Car, oui, les œufs ne sont jamais stockés dans un endroit précis, comme si le chef de rayon ne savait pas où les mettre. Près des laitages ? Près de la volaille ? Pas clair... Une fois revenu aux caisses, vous observez attentivement quel employé semble être le plus rapide à jouer du « bip bip » sur son tapis roulant. Vous vous placez dans la queue qui avance le plus vite. Futé ! Mais... Malédiction inévitable, au dernier moment, la personne devant vous a elle aussi oublié ses œufs... Cela vous donne envie de faire un sacrifice de poule ! Vous devez attendre qu'elle revienne, parce que, évidemment, le caissier avait déjà enregistré les autres produits et il est bloqué. Profitez-en pour répondre à quelques mails sur votre Smartphone ou pour sympathiser avec le caissier.

Ça y est, vous avez réglé vos 162,32 euros, vous pouvez enfin rentrer chez vous et ranger tout ça dans la cuisine !

Attention !

Ne faites surtout jamais vos courses avec vos enfants ! Les risques ? Mettre deux fois plus de temps : « Non, papa, je veux le yaourt à la fraise... Non, au chocolat ! Non, à la vanille... Oh, t'as vu ? Ils vendent des jouets... » Rentrer avec deux fois plus de produits : « Papa, achète ça ! Regarde, il y a des autocollants avec, c'est trop bien ! » Payer deux fois plus cher : « Papa, il a l'air génial ce livre, tu me le prends ?... Oh regarde, les cartes Pokémon, c'est moins cher que l'autre jour au magasin... »
ALORS ON LAISSE SES GOSSES EN DEHORS DE TOUT ÇA !!!

L'astuce !

Si vous avez la chance de pouvoir commander sur Internet et d'être livré directement chez vous, optez pour cette solution. Vous pouvez le faire depuis le boulot. C'est un gain de temps énorme, et ce n'est généralement pas plus cher. Des enseignes comme Monoprix, Auchan, Carrefour, Casino, Intermarché, Leclerc, etc. proposent ce service. Et franchement, ça dépanne sévère !

Récap' en un coup d'œil

1. Entrée : on prépare les menus.
2. Plat principal : on établit la liste des courses.
3. Dessert : on va au supermarché.

05 MISSION « SORTIE DE L'ÉCOLE »

Vos enfants sont sortis de l'école. Ils vont avoir besoin de se défouler, de se prélasser, de se détendre.

Pour qu'ils soient dans les meilleures dispositions à leur retour à l'école le lendemain, il est important pour leur bien-être qu'il y ait un sas de décompression entre les cours et le coucher (une sorte de défouloir). Nous, adultes, après une bonne journée de boulot, aimons aller boire un verre, regarder la télé, faire des jeux sur notre Smartphone... Eh bien pour eux, c'est exactement la même chose. Bon, presque la même chose, ils sont bien trop jeunes pour la bière bien fraîche !

Le mieux est bien entendu de les laisser jouer. L'idéal, pour eux, est qu'ils aient entre 45 minutes et une heure de temps libre. L'idéal, pour vous, est qu'ils passent ce temps libre... dehors !

Si vous avez la chance d'avoir un jardin, c'est parfait, s'il fait beau, bien sûr – s'il pleut et que vous les laissez dehors, vos voisins finiront par alerter les services sociaux ! Et en plus, ça vous coûterait un bras, entre le rendez-vous chez le médecin parce qu'ils ont attrapé un rhume, les médicaments et la nounou pour le lendemain parce qu'ils ne pourront pas se rendre à l'école.

Pas de jardin, vous êtes citadin ? Eh bien en France, nous avons la chance (dans la plupart des cas) d'avoir des jardins publics et des squares à proximité des écoles. Après tout, c'est grâce à nos impôts qu'ils existent, alors nous aurions tort de ne pas en profiter, il faut amortir ! Laissez-les se défouler sur les pelouses, dévaler les toboggans, voler sur les balançoires et courir après les moineaux, les pigeons (et les vieux bouts de pain).

Il fait moche ? Il vente ? Il pleut ? Il neige ? Vive le dérèglement climatique ! Rentrez tranquillement à la maison et laissez-les profiter de leurs chambres, de leurs jeux vidéo ou de la télévision – télé qui reste le moyen de garde et de tranquillité le moins cher de la planète. Et pourquoi pas un super-jeu ? Celui qui range sa chambre le premier choisit le film de la prochaine sortie ciné. Bon, ça ne marche pas à tous les coups...

Une heure de détente, c'est bon pour tout le monde !

S'amuser, se distraire et ne rien faire, c'est bon pour le développement des enfants.

Les avantages du parc	Les inconvénients du parc
Les gosses se défoulent sans que l'on ait à les gérer et sont bien crevés ensuite !	Il faut mettre les mômes en entier dans le lave-linge en rentrant.
Ils retrouvent leurs copains et copines, on n'a pas à jouer avec eux.	Comme dans *Alerte à Malibu*, il faut surveiller ses gosses à la jumelle.
Ils goûtent à l'air libre et tant pis si les miettes tombent au sol.	On a une chance sur trois de soigner un bobo !
Il y a un banc où on peut se reposer.	Il est possible que l'on devienne Casque bleu et qu'il faille gérer des conflits enfantins.
On a largement le temps de checker ses mails, aller sur Facebook, etc.	L'ennui nous guette, surtout quand ils veulent rester « encore un peu, allez, dis oui ».

Bon plan pour papa solo

Eh non, ce n'est pas une légende, il arrive régulièrement de pouvoir faire des rencontres sympas au parc. Très sympas même. La sortie au parc est le moment idéal pour faire la connaissance de mamans célibataires. L'avantage est que vous serez vite sur la même longueur d'onde. Au mieux, vous vivrez une histoire d'amour, au « pire », vous trouverez en elle une super-copine avec qui vous pourrez vous rendre des services : « Ce soir, j'ai une *date*, tu me gardes la petite ? », « Je bosse tout le week-end, tu me le prends à dormir ce soir ? », et inversement.
Il y a également des nounous, des baby-sitters, des filles au pair, et même des grands-mères, à chacun sa *target* !

06

MISSION « DEVOIRS »

« Aucun devoir écrit, soit obligatoire, soit facultatif, ne sera demandé aux élèves hors de la classe. »

Circulaire du 29 décembre 1956

Ça, c'est la théorie.

Dans la pratique, bien souvent, les maîtresses et les maîtres, les instits, les professeurs des écoles (appelez-les comme vous voulez !) n'hésitent pas à donner des devoirs à la maison. Et, soyons honnêtes, ça nous fait plutôt plaisir, pouvant ainsi suivre l'avancée de nos enfants dans le cursus scolaire. C'est notre côté masochiste.

Donc, après le temps de détente postscolaire, on motive sa marmaille et on se colle aux devoirs !

Normalement, il faut compter entre 20 et 30 minutes de travail à la maison. Personnellement, je prévois large. Entre le moment où il s'assoit à son bureau, après avoir sorti son cahier de textes et cherché ses cahiers et ses livres, et celui où il s'y met vraiment, j'ai le temps de lire l'intégrale des mémoires de Cyril Hanouna (j'exagère à peine).

Étape 1 : préparation du terrain

On prépare l'ambiance. Il ne s'agit pas de mettre des bougies, de la musique douce et de sortir les flûtes à champagne. Non, ce n'est pas un rencard. Quand on parle d'ambiance, l'idée est de mettre son enfant dans les meilleures conditions possible pour sa concentration. Alors on éteint la télé, on met son téléphone sur silencieux et on planque le sien s'il en a un. Si votre fille ou votre garçon a des frères et sœurs, on isole le reste de la marmaille pendant ce temps-là.

Pour le conditionnement, il est important que l'enfant soit toujours installé au même endroit, cela l'aidera à se focaliser. Idéalement à son bureau dans sa chambre, mais vous pouvez aussi le faire travailler sur la table du salon ou de la cuisine. Après tout, ce qui est important, c'est qu'il ait un lieu de travail serein. Si vous choisissez la cuisine, évitez de préparer le repas en même temps ; une tache de ketchup sur la copie ira très mal avec le théorème de Pythagore.

Étape 2 : supporter ultra

Ne pas laisser son enfant se décourager est vital pour qu'il aille le plus vite possible. Abordez les exercices l'un après l'autre, commencez par celui qui est le plus difficile pour lui, puis le plus complexe, et terminez par l'exercice le plus simple.

Pendant toute cette étape, n'hésitez pas à être à ses côtés quand il a du mal, qu'il rencontre des difficultés. Aidez-le calmement à faire ses devoirs. Encouragez-le. Félicitez-le quand il y arrive. Il est inutile de vous énerver comme un chauffeur-livreur bloqué par une trottinette électrique en plein centre-ville. Ce n'est pas constructif et ça va lui mettre une pression inutile. Vous n'aimez pas quand votre patron, supérieur, client vous colle la pression ? Alors vous savez très bien que ça ne fera pas mieux avancer votre enfant, donc soyez zen. Cool. Rastafari. Hakuna Matata !

Étape 3 : seul face au but

L'idée n'est pas que vous fassiez ses devoirs à sa place, mais d'être là pour lui, l'épauler s'il en fait la demande. Au mieux, vous lui faites la passe décisive. S'il ne fait pas encore ses devoirs seul, il faut que vous lui appreniez l'autonomie.

Évidemment, si vous avez un ado, vous ne pouvez plus rien faire. Vous devez lui faire confiance, et je sais que ce n'est pas facile. Votre unique moyen d'être certain qu'il fait bien ses devoirs, c'est le bulletin scolaire à la fin du trimestre. En revanche, mettez-vous toujours à sa disposition en lui proposant clairement votre aide : « Je te laisse faire, mais si tu as besoin de moi, je suis là pour toi. »

Récap' devoirs (20-30 minutes)

1. Au calme ! On met son enfant dans les bonnes conditions.
2. Encouragement ! On le motive par un appui positif.
3. Autonomie ! On le laisse faire seul ses devoirs et on checke après.

07

MISSION « DÉBUT ET FIN DE SOIRÉE »

Les devoirs sont faits, alléluia ! On en ferait presque une ola avec toute la smala dans le salon. On passe à la suite ?

Eh oui, tant que notre progéniture n'est pas endormie, la journée n'est pas terminée, alors on se retrousse les manches et on enchaîne ! Courage, dans deux heures, vous serez (si tout va bien) tranquille devant une bonne série ou endormi comme un veau sur le canapé !

Opération salle de bains

C'est le moment de leur donner le bain. C'est vrai, nous sommes des garçons et avons la réputation d'oublier (de temps en temps...) de nous laver, mais il n'est pas question de laisser nos mioches avec la sueur de la journée ou des traces de feutre sur les mains.

Pour cette opération délicate, vous intervenez en fonction de l'âge. Jusqu'à 5-6 ans, il est important que vous restiez présent dans la salle de bains, même si l'enfant réclame de l'intimité. S'il désire se laver seul, c'est bien pour son autonomie, mais n'hésitez pas à le guider : « Entre les doigts de pieds, oui, c'est mieux », « Non, ce n'est pas fini, tu n'as pas frotté tes fesses », « Oui, ça marche mieux avec du savon »... Par ailleurs, par mesure de sécurité, on ne laisse pas des petits tout seuls dans un bain, 20 centimètres d'eau suffisent pour qu'un enfant se noie. Ne sous-estimez pas ce risque chez les petits et restez dans la pièce !

Si votre enfant a plus de 6 ans et qu'il réclame de rester seul, ne fermez jamais la porte à clé ! Tendez l'oreille, vérifiez très régulièrement que tout va bien, en lui posant des questions derrière la porte, par exemple : « Tout va bien ? »

Si votre enfant est un ado, la douche dure en général 30 secondes, il y a moins de risques de noyade... Contrairement au risque d'hygiène douteuse, assez élevé. Vous l'entendez, avec une voix qui se situe entre celle de Sylvester Stallone et celle Christophe Willem, qui vous dit : « N'importe quoi... pfff. J'm'en balek ! » ?

Pensez à vérifier la température de l'eau !

Trop chaud, c'est dangereux et trop froid, vous allez vous faire engueuler.

Astuces pour aider le petit dernier à être autonome

- ✓ Installez un tapis antidérapant. Pas de risque de glissade !
- ✓ Mettez à sa disposition sur le rebord de la douche un gant de toilette.
- ✓ Choisissez un savon liquide muni d'une pompe, plus facile pour lui.
- ✓ Installez un petit miroir pour qu'il puisse s'assurer qu'il s'est bien rincé.
- ✓ Expliquez simplement comment bien se laver, même les parties intimes.
- ✓ Mettez la serviette près du rebord pour que votre enfant l'attrape facilement.
- ✓ Posez son pyjama ou sa chemise de nuit/tee-shirt *big size* sur une chaise.

Là, on est bon. L'enfant est prêt, tout propre, et on a envie de le prendre dans ses bras pour lui faire un gros câlin. Quel bonheur de sentir cette bonne odeur de shampoing dans les cheveux !

Vous pensiez en avoir terminé ? Eh non ! Il faut préparer le dîner maintenant...

Le dîner

Il n'y a rien de plus insupportable que d'avoir quelqu'un dans les pattes pendant que l'on prépare à manger. Pour être tranquille et vous débarrasser de la marmaille, deux solutions s'offrent à vous :

SOLUTION 1 : LA MÉTHODE DOUCE

Votre enfant a tout bien fait. Il a été charmant et obéissant, il est temps d'être reconnaissant. Proposez-lui d'aller s'amuser dans sa chambre, de jouer pendant 20 minutes sur sa Nintendo Switch, ou encore de regarder un dessin animé dans le salon. Lui sera content et vous... peinard !

SOLUTION 2 : LA MÉTHODE DURE

Vous devez le punir pour *X* raison. Dans ce cas, profitez de votre temps derrière la plaque à induction pour lui faire ranger sa chambre tout seul, par exemple. Ainsi, vous obtenez une triple satisfaction : 1) vous êtes tranquille, 2) la chambre est rangée, 3) la punition est toute trouvée !

À table maintenant !

Le repas

Vous avez suivi mes conseils ? Parfait ! Vous ne vous êtes donc pas pris la tête quant à ce que vous alliez faire à dîner et vous avez consulté votre petit planning de repas comme indiqué dans le chapitre « Mission “À Table !” ».

Pour le débarrassage, faites-vous aider par les enfants.

La préparation du coucher

Maintenant que vous êtes au top de l'organisation, vous êtes bon dans le timing ! Il reste même du temps et vos bouts de chou vont pouvoir profiter de vous sans stress et, pour les plus calmes, flâner dans la maison pour jouer paisiblement.

On évite d'allumer la télévision, de faire des jeux vidéo, et on interdit en général tous les écrans, qu'ils soient petits (tablette) ou grands (ordinateur 16/9e). La lumière de ces écrans ralentit la fabrication de la mélatonine, notre petite hormone du sommeil, qui aide à se préparer à passer une bonne nuit.

Dans la chambre, on vérifie que tout est bien rangé. Ce n'est pas qu'une simple question de psychorigidité, il est prouvé que les enfants dorment mieux quand leur espace est ordonné.

On peut également aérer la chambre 5 minutes, histoire de renouveler l'air et d'offrir à leurs milliards de cellules un meilleur oxygène. L'air sera moins chargé en monoxyde de carbone – je vous suggère par ailleurs aussi d'ouvrir les fenêtres le matin durant 15 minutes.

Enfin, pour une bonne nuit, la température de la chambre doit être en dessous de 20 °C.

Coup d'œil vite fait pour un dodo au top

1. Douche/Bain
2. Pyjama
3. Temps libre
4. Dîner
5. Préparation de la chambre

08

MISSION « COUCHE TES MÔMES »

Voici le moment tant redouté : l'heure du coucher ! Nous sommes tous dans la même panique et nos enfants vont tout faire pour le reporter. Et vas-y que j'ai encore envie de faire pipi, que je veux boire un verre d'eau, que je veux un câlin, un bisou, une dernière histoire...

Pour un enfant, retarder l'heure du coucher est une mission quotidienne. Plus il est malin et plus il trouvera d'arguments pour repousser l'instant L (comme « lit »). C'est d'ailleurs le côté positif de cet inconvénient, ils sont obligés de réfléchir pour trouver des stratagèmes leur permettant de rester le plus longtemps possible avec nous. C'est-y pas mignon ?

Non ! Parce que vous aussi avez eu une bonne journée bien chargée et qu'en plus, votre partenaire n'est pas là pour vous épauler. Et, il faut bien l'avouer, vous vous en sortez bien mieux à deux ! Là, vous n'en pouvez plus : « Il va finir par aller au lit, oui ?!!! » Allez, on respire... Sinon, on va ressembler à Schtroumpf Grognon !

Pour les papas solos, c'est encore plus compliqué, surtout lorsqu'il s'agit d'une garde alternée. Nous ne sommes plus dans le même rythme que celui de la semaine ou nos quinze jours en célibataire, où, égoïstement sereins – les magazines de psychologie disent que c'est bon pour nous, alors... –, nous ne pensons qu'à notre propre personne. Donc, nous occuper toute une journée d'un ou plusieurs autres que nous-mêmes, eh bien, nous n'avons plus l'habitude ! Même si ce sont nos enfants et que nous les aimons de tout notre cœur. On est à la ramasse, quoi... Rincés. Crevés. Morts. Kaput. Mais, hop ! hop ! hop ! On se reprend !

Et puis rappelons-nous qu'un enfant reposé est un enfant charmant le lendemain !

La solution pour que tout se passe bien ?

Créer un rituel

Astuce

Avant le coucher, on évite les dessins animés (même s'il est zen), on ne fait pas de séance de guili-guili (on se la garde pour le matin), on évite aussi la bataille de coussins... En gros, tout ce qui excite un bambin. C'est ça, mettons entre parenthèses notre côté grand gamin qui veut faire mumuse.

Le rituel pipi-les dents-au lit

Après avoir dîné, laissez le temps à votre enfant de jouer un peu dans sa chambre (voir la mission précédente). Puis, quand c'est l'heure de faire dodo, suivez ce petit rituel :

- Pipi : demandez-lui d'aller aux toilettes. On dort mieux la vessie vide et, surtout, on évite le fameux : « Papa ! Papa ! Pipi ! » alors qu'on pense que l'enfant est endormi et on n'a pas à se lever une fois qu'on est installé dans le canapé en train de regarder les infos.

- Les dents : ensuite, il faut se laver les dents. Si votre enfant à moins de 6 ans, aidez-le. Mais quoi qu'il arrive, vérifiez toujours si ça a été bien fait ! C'est tellement tentant de simplement mettre du dentifrice dans sa bouche juste pour avoir l'odeur...

- Au lit : votre enfant est (enfin) prêt. Il est dans son lit et, comme on est super-sympa, on va lui lire une petite histoire. Je recommande de choisir un livre qu'il aime bien, une histoire qui le rassure. On s'allonge à ses côtés et, de sa plus belle voix, on entame le récit (évitez de sauter des pages, les enfants s'en rendent compte et vous grillent direct, croyez-en mon expérience). Deux bénéfices : d'abord, votre enfant va adorer cet instant privilégié avec vous, ensuite, le fait de vous écouter va l'apaiser. Prévoyez facilement 10 minutes, comprenant une petite tournée de bisous et de câlins avant de le laisser tranquillement s'endormir... Personnellement, c'est le moment que je choisis pour leur dire que je les aime. Ce n'est pas parce que l'on est un bonhomme que l'on perd de la virilité en leur disant notre amour. C'est important !

Renouvelez l'opération chaque jour !

Au fur et à mesure des semaines, votre enfant trouvera, grâce à ce rituel, un rythme parfait qui le conditionnera à s'endormir plus rapidement, sans stress et avec bonheur ! Lui rappeler que vous l'aimez et que vous êtes fier de lui fera germer sa petite graine de confiance en lui.

Astuce

Pour éviter d'avoir à retourner dans sa chambre afin de lui donner à boire, prévoyez une petite gourde, fraîchement remplie, et laissez-la sur sa table de nuit.

À quelle heure ?

Si, avant 5 ans, il faut obligatoirement que l'enfant fasse le tour du cadran, il est moins évident de savoir combien de temps de sommeil est nécessaire ensuite. Alors voici un petit tableau à titre indicatif. Bien sûr, chaque enfant est différent et il faut tenir compte de son propre rythme. Il peut avoir besoin d'un peu moins de sommeil, ou d'un peu plus ! Il faut savoir s'adapter !

MISSION « COUCHE TES MÔMES »

		HEURE DE LEVER						
		6 : 00	6 : 15	6 : 30	6 : 45	7 : 00	7 : 15	7 : 30
		▼	▼	▼	▼	▼	▼	▼
		HEURE DE COUCHER						
ÂGE DE L'ENFANT	5 ans	18 : 45	19 : 00	19 : 15	19 : 30	19 : 30	20 : 00	20 : 15
	6 ans	19 : 00	19 : 15	19 : 30	19 : 30	20 : 00	20 : 15	20 : 30
	7 ans	19 : 15	19 : 30	19 : 30	20 : 00	20 : 15	20 : 30	20 : 45
	8 ans	19 : 30	19 : 30	20 : 00	20 : 15	20 : 30	20 : 45	21 : 00
	9 ans	19 : 30	20 : 00	20 : 15	20 : 30	20 : 45	21 : 00	21 : 15
	10 ans	20 : 00	20 : 15	20 : 30	20 : 45	21 : 15	21 : 15	21 : 30
	11 ans	20 : 15	20 : 30	20 : 45	21 : 00	21 : 15	21 : 30	21 : 45
	12 ans	20 : 15	20 : 30	20 : 45	21 : 00	21 : 15	21 : 30	21 : 45

Source : laviefacile-enfant.com

Si vous avez un (ou plusieurs) ado à la maison, vous pouvez bien évidemment lui faire confiance pour gérer lui-même ses horaires. Mais demandez tout de même que l'ordinateur, la tablette et le Smartphone restent dans le salon. Leur spécialité, c'est de vous dire qu'ils sont crevés et d'aller se coucher de bonne heure… Vous y croyez ? Vraiment ? Non ! Ils se jettent sur Facebook, Snapchat ou encore Instagram : la vie des autres est tellement plus géniale que la leur… Et rassurez-vous, être un poil autoritaire ne veut pas dire que vous êtes vieux jeu ou rasoir.

Rappelez-vous qu'il est plus facile pour un parent de dire oui que de dire non. N'hésitez pas à dire non à votre enfant lorsque c'est pour son bien-être. Expliquez-lui les raisons, le pourquoi du comment, il devrait comprendre. Cela ne l'empêchera pas de vous détester pendant quelques minutes, mais c'est aussi ça, être papa, s'en prendre plein la poire pour le bien de leur petite pomme !

09 MISSION « REPOS »

Ouf ! Enfin ! Pause !

Les enfants sont couchés, endormis. Même si nous les aimons de tout notre cœur, nous avons un besoin irrépressible de nous sentir seuls, tranquilles... Tranquilles ? Non, ce n'est pas pour tout de suite, en fait ; nous avons deux ou trois petits trucs à faire avant de profiter réellement du canapé ou de notre lit.

Il est presque 21 heures, il nous reste à ranger tout le chantier que les enfants et, soyons honnêtes, nous-mêmes avons mis dans la maison : ranger le salon, ramasser les serviettes par terre dans la salle de bains, faire la vaisselle, préparer la table du petit déjeuner. Vous comprenez maintenant la théorie de la charge mentale et vous vous rendez compte que ce n'est pas une légende urbaine !

Allez, il est 21 h 30, heure du repos ! Vous avez le droit de ne rien faire, vous l'avez bien mérité. On prend du temps pour soi, un petit bain, on navigue sur les réseaux sociaux, on donne des nouvelles des enfants à la maman, on regarde une connerie à la télé, on lit un livre, une BD, bref, on se délasse.

Il est 21 h 43 et vous avez sommeil ? Normal. Pas facile la vie d'un papa solo !

Je pense que c'est à ce moment-là que nous réalisons tout le travail, l'abnégation qu'il a fallu à notre mère ou à la personne qui nous a élevés, et que nous pouvons décrocher le téléphone pour lui dire toute notre reconnaissance ! Peut-être qu'un jour, nous aussi aurons droit à ce tendre remerciement.

Avant d'embrasser Morphée (pas votre amant, mais le dieu des Rêves), on se relève et on fait un dernier petit tour dans la chambre des enfants pour s'assurer que tout va bien. Pas de bruit ? Ça ronfle un petit peu ? Cool !

Allez, au lit !

Récap' en un coup d'œil

1. Ranger.
2. Préparer la table du petit déjeuner.
3. Ne plus rien faire !!!

Raté !

On y a pourtant cru tellement fort !

Il est 4 heures du matin et le petit dernier a fait un cauchemar. Rassurez-vous, entre 3 et 10 ans, c'est un phénomène classique. Le cauchemar intervient dans la phase du sommeil paradoxal et il n'y a pas de quoi s'inquiéter (à part pour votre santé mentale) parce que les rêves et les cauchemars font partie du développement psychologique de l'enfant. C'est généralement dû à un épisode de stress dans la journée, un changement dans les habitudes, une difficulté, une séparation... Voilà, on est en plein dedans.

Les petits trucs à faire pour rassurer

Être sur le qui-vive

Surtout, on ne met pas 10 minutes pour se lever et rejoindre son enfant. On dort en vigilance orange et dès que l'on entend les premiers râles ou pleurs, on se jette hors du lit (pour cette étape, je vous suggère de ne pas réfléchir, sinon vous resterez au chaud sous les draps) et on file dans la chambre, c'est la méthode catapulte. Enfin, on allume la lumière du couloir histoire qu'il se retrouve dans l'espace.

Les câlinous

On s'assoit sur le rebord du lit et, pour rassurer son enfant, on lui caresse les cheveux, on lui fait un petit câlin. Le doudou perdu sous la couette est remis dans les bras de son propriétaire. On lui montre qu'il ne risque rien, que la fenêtre et la porte sont bien fermées. Tout va bien.

Les cauchemars

S'il vous parle de son mauvais rêve, ne le prenez pas à la légère, il ne faut jamais se moquer des peurs des enfants. Trouvez les mots qui vont le rassurer et dites-lui bien que vous n'êtes jamais loin et toujours prêt à être à ses côtés – d'où l'importance de vite le rejoindre dans sa chambre quand vous entendez les premiers cris ou pleurs. Ainsi, son appréhension sera moindre.

Surtout, on laisse l'enfant dans sa chambre

Je la connais, l'histoire de « Je peux aller dans ton lit ? », « Juste ce soir »... Ce n'est vraiment pas une bonne solution. Il faut que l'enfant apprenne que sa chambre est un lieu où il ne risque rien, qu'il y est en sécurité, c'est son sanctuaire. Et votre chambre, c'est la vôtre ! Non, mais !

10 MISSION « BOBOS »

Si gouverner, c'est prévoir, paterner aussi !

Les enfants se font souvent des petits bobos, ils ont des petits rhumes, des petits maux de ventre, de tête, des égratignures et autres maladies bénignes que nous pouvons traiter nous-mêmes. Comme nous sommes des super-papas, nous sommes super-organisés. Alors voici la trousse à pharmacie à avoir chez soi :

En cas de fièvre

- Un **thermomètre** : parce que c'est la base et que parfois, les enfants jouent la comédie et trouvent un prétexte pour rester à la maison. Idéalement frontal ou électronique.

- Du **paracétamol** type Doliprane® ou Efferalgan® pour faire tomber une petite fièvre. Choisir le médicament adapté à l'âge et surtout au poids de son enfant.

Bien entendu, si la fièvre est trop élevée, on file chez le médecin, ou aux urgences dans les cas extrêmes !

En cas de petite plaie

Avant de nettoyer une plaie ouverte, ayez le réflexe de vous laver les mains ; il ne faudrait pas ajouter des microbes par-dessus.

- Un **spray antiseptique** type Dermaspray® ou Biseptine®, sans colorant et surtout sans alcool – pour éviter d'ajouter des pleurs et une appréhension chez les plus petits... Quoique, chez les plus grands aussi !

- Des **pansements**, pour protéger ces petites plaies. N'hésitez pas à en prendre des spéciaux destinés aux enfants ; avec des dessins rigolos dessus, ils sont contents d'exposer leurs blessures de guerre.

En cas de petit hématome

Un genou cogné contre la balançoire, un coude qui a tapé un mur en jouant au foot et *vlan !* un petit bleu. Le premier réflexe à avoir est de passer la zone sous l'eau froide ou de passer un gant de toilette (pas de crin) froid. Et on n'oublie pas...

- La crème magique à l'**arnica** ou bien, en dose homéopathique, de l'Arnica 5CH.

En cas de diarrhée

Fréquente chez les petits et souvent passagère, la diarrhée est due à une déshydratation, alors donnez à votre enfant beaucoup d'eau. Personnellement, j'ajoute un petit peu de sucre (pour le goût) et une pincée de sel (pour fixer) dans l'eau. Un sirop à la fraise, menthe ou cassis fait aussi l'affaire !

- Une **solution de réhydratation orale** (SRO) comme Adiaril® ou Hydrigoz® sera également la bienvenue.

Pour le repas, on privilégie les carottes, le riz, les féculents (pâtes, pommes de terre...), les compotes... Il faut absolument colmater !

Attention ! Si la diarrhée est suivie de fièvre et de vomissements, filez chez le médecin, c'est sûrement une gastro.

En cas de « rhube »

- Afin que votre enfant puisse bien respirer et éviter tout engorgement, nettoyez-lui le nez avec parcimonie à l'aide d'un **sérum physiologique** ou avec un **spray d'eau de mer** (type Stérimar®). Pensez bien à le moucher juste après utilisation. Si votre enfant ne sait pas encore se moucher, servez-vous d'un **mouche-bébé**.

BONUS

- Une pince à épiler (pour les échardes)
- Une petite paire de ciseaux
- Une crème antidémangeaisons et de l'huile essentielle de citronnelle (contre les moustiques)
- Du Spasfon-lyoc® (pour les règles douloureuses de votre ado)
- Un tire-tiques (pour les balades à la cambrousse)
- Des Stéri-Strip®
- Du coton

Vérifiez dans la notice si le produit convient à l'âge de votre enfant !

En cas de doute, demandez à la pharmacie et/ou à votre médecin.

Récap' trousse d'urgence du Dr Mamour

- Thermomètre
- Ciseaux à bouts ronds
- Pansements
- Coton
- Antiseptique en spray
- Paracétamol
- Arnica en gel ou en granules homéopathiques
- Solution de réhydratation locale
- Sérum physiologique
- Spray nasal à l'eau de mer
- Crème contre les brûlures superficielles
- Son doudou toujours près et prêt !

Rappel des numéros d'urgence

- ✓ 15 : Samu
- ✓ 17 : Police Secours
- ✓ 18 : pompiers
- ✓ 112 : numéro général qui vous orientera en fonction de vos besoins
- ✓ 114 : pour les personnes sourdes ou malentendantes

Numéros perso

- ✓ Médecin traitant : ....
- ✓ SOS Médecin : ....
- ✓ Urgence hôpital : ....

Saison 2

BONUS DHD

(D COMME DESPERATE, H COMME HOUSE, ET D COMME DAD = DHD !)

« Papa ! Je sais pas où le ranger ?
- Mets-le là... c'est très bien. »

Un papa bac + 5 sur l'échelle des DHD

01 MISSION « CHARGE MENTALE »

Avant de débattre sur le sujet, une question fondamentale se pose : « Mais qu'est-ce que la charge mentale ? »

On entend de plus en plus souvent parler de ce phénomène sociologique qui touche principalement les femmes (et une injustice de plus, une !). La charge mentale concerne la gestion du foyer au quotidien, qui s'ajoute à la gestion du travail et de la vie en général. Soit du travail en plus, donc du stress en plus, donc de la fatigue en plus. Vous commencez à cerner le sujet ?

Soyons honnêtes, nous, les hommes hétérosexuels, avons une fâcheuse tendance à laisser notre conjointe, que l'on appelle désormais « responsable des achats » plutôt que « ménagère de moins de 50 ans », s'occuper de tout ce qui touche le quotidien.

Pourquoi faire le ménage puisqu'ELLE le fait déjà ?!

Pourquoi s'occuper de la lessive puisqu'ELLE le fait déjà ?!

Pourquoi préparer les repas puisqu'ELLE le fait déjà ?!

Et il y va de tout ce qui implique l'éducation des enfants, l'école, la comptabilité du foyer (régler les factures de téléphone, d'électricité, le loyer, la cantine, les courses), etc.

Nous ne nous rendons pas compte de cette surcharge de travail, égocentrés que nous sommes, nous, les hommes du XXIe siècle ! Depuis tout petits, nous sommes conditionnés à considérer que c'est le travail de nos mamans. C'est « son » job.

Son job ? Mais alors, ne dit-on pas que tout travail mérite salaire ?

Et si nous nous amusions à chiffrer ce travail ? Après tout, maintenant que nous nous rendons compte de la masse de boulot que cela représente, il serait tout de même légitime de penser à la rémunération. Après avoir travaillé pendant huit heures au sein de son entreprise, il est logique que toutes ces heures supplémentaires soient facturées, voire majorées en fonction du taux horaire et du tarif de nuit.

Partons sur une semaine dite « classique » et faisons le point sur l'ensemble du travail supplémentaire que nous devons accomplir au sein de notre foyer. Vous êtes prêt ? C'est parti !

Masse salariale de la personne au foyer

Cuisinier

À raison de deux repas par jour, plus le petit déjeuner, nous pouvons partir du principe que nous passons en moyenne une heure (minimum) derrière les fourneaux*. Selon la convention des HCR (hôtels, cafés, restaurants), le Smic hôtelier est à 10,03 euros pour l'échelon 1.

Total : 70,21 euros/semaine.

*Pour les plus honnêtes d'entre nous, c'est plutôt derrière l'application Uber Eats ou devant le micro-ondes à attendre le *dring-dring* du petit plat préparé prêt à être consommé.

Agent d'entretien

Il faut bien que la maison reste propre et nous consacrons un maximum de temps à faire les lits, ranger la cuisine, les chambres, le salon, sans oublier les sanitaires, etc. Cela prend facilement une bonne heure, pour les plus organisés. À 9,88 euros de l'heure, nous arrivons à 69,16 euros par semaine.

À cela, il faut quand même ajouter, au moins trois fois par semaine : passer l'aspirateur, laver les sols, nettoyer la salle de bains et les toilettes. Ce qui ajoute 1 h 30 de travail supplémentaire par semaine, soit 14,82 euros.

Total : 83,98 euros/semaine.

Pressing

N'oublions pas les lessives et le repassage, ce qui représente 2 heures par semaine (pour les pros de la planche à repasser, ou de la centrale vapeur pour les plus chanceux, à 12 euros de l'heure (ou 7 euros par kilo de linge).

Total : 24 euros/semaine.

Service à la personne

S'occuper des enfants, les laver, les occuper, etc., c'est aussi un travail. Partons sur la base du Smic horaire, soit 10,03 euros, à raison de 5 heures par jour ; nous arrivons à 50,15 euros... pour une seule journée !

Total : 351,05 euros/semaine.

Taxi

Il faut bien véhiculer/transporter nos enfants à l'école, à leurs activités périscolaires, aux anniversaires, etc. Nous faisons en moyenne une course par jour et nous utilisons un VTC afin de payer moins cher. Le prix de la course moyenne est de 14 euros.

Total : 98 euros/semaine.

Coach vestimentaire

Acheter des vêtements à ses enfants, accorder les goûts et les couleurs, cela a un prix. Et il faut faire du réassort au moins une fois par mois – le prix moyen d'un coach est de 150 euros de l'heure.

Total : 37,50 euros/semaine.

Psy

Eh oui, il faut savoir être à l'écoute des problèmes de nos petits amours, qui peuvent très vite devenir grands. Le prix moyen d'une consultation est de 50 euros de l'heure.

Total : 50 euros/semaine.

Total

Cette liste n'est, bien sûr, pas exhaustive et nous atteignons déjà un total de 765,24 euros pour une semaine. Ce qui nous fait donc un salaire mensuel estimé à... 3 060, 96 euros !

Je vous rassure, ce montant est exprimé en brut.

Alors, la charge mentale, on en parle ?

02 MISSION « DERNIÈRE MINUTE »

Vous êtes heureux d'avoir vos enfants à vos côtés. Vous en profitez pleinement, mais voilà :

- votre patron vous demande de le rejoindre d'urgence au bureau, car votre client, M. Kassbonbon, veut revoir l'intégralité du contrat Fautourefer ;

- Farid, votre meilleur ami, a eu deux places pour la finale de *The Voice*, et voir une émission de télé en vrai est votre rêve ;

- célibataire depuis un an, vous avez enfin un *match* avec Hilke, ce mannequin d'origine néerlandaise que vous *crushez* depuis des mois, impossible de décaler !

Bref, vous avez un impératif que vous ne pouvez absolument pas négliger. Mais que faire de vos bouts de chou dans cette urgence ? Les emmener au bureau ? Pour peu qu'ils parafent le contrat avec leurs crayons de couleur, c'est moyen. Sur le plateau de *The Voice* ? J'ai bien peur qu'avec le bruit, ils fassent plus de décibels que le plus mauvais des interprètes de la saison en cours. Débarquer au rencard avec Hilke avec eux ? À coup sûr, elle va prendre ses longues jambes à son cou et c'est vous qui serez à la diète.

Il faut donc quelqu'un pour garder vos mioches ! (Oui, c'est à ce moment-là que nous, les DHD, appelons nos enfants des « mioches », car nous pouvons les détester juste un instant s'ils nous empêchent de réaliser notre rêve. Nous sommes des papas, mais nous restons humains !)

Un problème = une solution

On appelle la baby-sitter ! Zut, pas dispo.

On appelle la maman de la copine de mon fils ! Flûte, pas dispo.

On appelle la SPA ! Euh... non, c'est pas bon, là.

Mais heureusement, il reste... maman !

Notre petite môman à son grand dadais de fils, auquel elle ne sait rien refuser, surtout s'il s'agit de la garde de ses petits-enfants chéris. Cette maman qui, depuis que nos enfants sont nés, ne nous regarde même plus, qui n'a d'attentions que pour notre progéniture... OK, on est jaloux, mais son amour « grand-maternelle » plus fort que Darty va nous dépanner !

Option mamie

Version 1

Depuis que votre enfant est né, votre maman veut qu'on l'appelle mamie, bonne-maman, mémé ou encore super-mamie...

Depuis que vous êtes papa, pour votre maman, vous êtes passé au second plan. Et celui qui a décroché le premier rôle dans sa vie, c'est .... (insérez le nom de votre enfant). Et, depuis, votre maman fait tout pour vous faire comprendre qu'aujourd'hui, c'est .... qu'elle aime.

Si le début de cette nouvelle idylle vous a légèrement piqué les yeux, comme l'odeur de la petite surprise laissée dans la couche, il est bien temps d'en abuser. Comment faire ? C'est simple, décrochez votre téléphone et demandez-lui de l'aide. Plus rapide que le service d'Amazon Prime, vous avez à peine le temps de raccrocher qu'elle sonne déjà à votre porte. Magic Mamie !

D'ailleurs, je suggère aux start-up de créer une appli « Mamie ». Comme un bouton d'urgence, on cliquerait dessus et *hop !* la mamie débarquerait en moins de deux ! Plus fort que Joséphine ange gardien !

Pratique, économique : maman rapplique !

Version 2

Votre mère ne s'est pas remise de la naissance de votre bébé. Elle refuse d'admettre que ça y est, elle est grand-mère. Dans la famille, tout le monde se moque d'elle et la surnomme « la vieille » et, depuis, elle déprime devant *Questions pour un champion* en grignotant compulsivement des Tuc® qu'elle tartine de Nutella®. Est-ce vraiment utile dans ce cas de faire appel à elle ?

Je dis « danger ». Non seulement elle ne sera pas en mesure de vous aider, mais en plus, vous devrez lui remonter le moral et vous vous retrouverez avec deux personnes à gérer.

Mamie déprime sur le canapé ? On laisse tomber !

Reste la solution ultime... Allez, courage, respirez un grand coup et continuez votre lecture !

Option belle-maman

Mais pourquoi ?! Ben pourquoi pas, justement !

Il faut en finir avec les poncifs de la belle-mère qui joue sans cesse le rôle de la marâtre ! Comme ce proverbe qui affirme que le mariage, c'est pas la mer à boire mais la belle-mère à avaler. Que la plus belle caresse qu'une belle-mère peut vous faire, c'est « caresse » chez elle. Que toutes les belles-mères ne sont pas des anges, que malheureusement certaines sont encore vivantes...

Stop aux clichés ! Nous pouvons tous nous entendre avec notre belle-maman.

Nous sommes au XXIe siècle et les belles-mères ont quand même bien évolué. Plus moderne, plus active, la maman de la maman de vos enfants peut venir vous donner un coup de main. Enfin... elle peut si elle :

- n'a pas son cours de Pilates ;
- n'a pas de soirée mojitos avec ses copines ;
- n'a pas une *date* grâce à Élite Rencontre ou Parship.

Oui. La belle-doche moderne a un emploi du temps plus rempli que le cerveau d'un candidat de téléréalité. Mais si votre belle-mère est décidée à vous dépanner, alors là, sautez sur l'occasion !

Les avantages

- Votre enfant aura une présence familiale.
- Vous ne paierez pas le baby-sitting.
- Vous pourrez rentrer à une heure tardive sans que cela pose problème.
- Vos rapports s'amélioreront. Vous lui faites confiance et elle apprécie.

Alors n'hésitez pas à faire appel à votre belle-mère, vous avez tout à y gagner.

Une belle-mère heureuse,
c'est une belle-mère affectueuse !

03 MISSION « NOURRISSON »

Les mamans n'aiment pas laisser le tout nouveau bébé de la famille. Elles ressentent une culpabilité intense. Elles se sentent comme déchirées d'abandonner cette petite créature si merveilleuse qui a vécu neuf mois dans leur ventre à elles ! Tremblantes, sans autre choix, elles sont dans l'obligation de nous laisser pour quelques jours la responsabilité exclusive de la garde de « leur » bébé ! Rappelons que ce bébé est aussi le nôtre. Youpi !

Youpi, youpi... Il ne faut pas le crier trop vite quand même, car si nous ne sommes pas totalement rassurés à cette idée, nous, les DHD, allons faire de ces heures passées ensemble un moment privilégié, unique et fantastique !

Avant toute chose, il serait bon de rappeler la définition du mot « nourrisson » : un nourrisson, c'est un enfant qui n'a pas atteint le sevrage. Un petit être mignon (ou pas – arrêtons de dire que tous les bébés sont beaux à la naissance, c'est faux ! Ma fille est née avec des forceps et elle avait la tête de Mike Tyson après un combat de boxe !), notre sang, notre chair, qui peut parfois porter les traits de ses parents ou de E.T. Une petite chose si fragile que nous ne savons pas comment faire pour la prendre dans nos bras. Le nourrisson dort, pleure, mange et, par conséquent, fait aussi ses besoins !

L'avantage du nourrisson

Pendant les premiers mois, il dort entre 16 et 20 heures par jour, ce qui nous laisse largement le temps de faire 40 000 trucs... Grand nettoyage de la maison, regarder des films, surfer sur le Net, buller et, surtout, kiffer la vibes avec bébé ! Quel plaisir d'entrer dans sa chambre sur la pointe des pieds pour le regarder dormir. Quoi de plus beau qu'un bébé totalement relax dans sa turbulette ? Quoi de plus craquant quand il sourit aux anges ? Perso, je vois pas !

Les inconvénients du nourrisson

Il se réveille quand il en a envie, de préférence aux alentours de 3 heures du matin, quand nous dormons nous-mêmes comme un bébé de 80 kg lové dans les bras de Morphée. Le nouveau-né est sans pitié pour nos nerfs. Il excelle dans l'art de l'égoïsme. À peine son cordon ombilical coupé, il ne songe qu'à son nombril et à son ventre vide !

Quand il a un creux, il se transforme en pitbull affamé qui a erré pendant deux mois dans le quartier sans trouver la moindre proie à se mettre sous les crocs. Bon, le bébé n'a pas de dents, mais ce n'est pas un ventre qu'il a, c'est un gouffre !

Dans cette mission, je ne vais pas vous donner de conseils pour le nourrir, pour savoir quand et comment le changer, quand le laver, quand le coucher, etc. Je sais pertinemment que sa maman vous aura laissé sur la table de la cuisine un cahier entier rempli de « recommandations », euh... qui ressemblent davantage à des obligations (les 10 Commandements, à côté, c'est de la rigolade !), pour s'occuper de bébé au mieux. Et attention : pas le droit à l'erreur ! Je vais simplement vous donner quelques astuces pour jouir pleinement de ces instants passés à deux.

Parce que oui, se retrouver seul avec son bébé, c'est MAGIQUE !

Opération kifs

Vous avez de quoi être jaloux de sa maman. Elle l'a porté dans son ventre pendant neuf mois, alors que vous, la seule chose que vous savez porter, ce sont les sacs de courses. Maintenant, à vous de profiter de ce petit être !

Kif n° 1 : le peau à peau

Dans la maison, il fait bon et vous venez de changer la couche de votre bébé. Vous ne lui avez pas encore remis son body ? Parfait ! Retirez votre tee-shirt, votre chemise anglaise, et installez-vous avec lui sur le canapé. Adossez-vous confortablement et posez délicatement bébé sur votre torse velu, ou pas. Il aura chaud grâce à la chaleur de votre corps et je mettrais ma barbe à raser qu'il s'endormira tout contre vous. On n'est pas bien, là ?! Bébé se sent rassuré, apaisé, et vous, le roi du monde !

Kif n° 2 : le bain

Après avoir réglé l'eau à la bonne température (37 °C et, pour les DHD *high level*, la bonne température, c'est lorsque la chair de votre coude supporte la température, là, vous pouvez vous dire que l'eau est au top pour bébé), coupez votre portable afin de ne pas être distrait, calez votre enfant, sa nuque dans le pli de votre avant-bras, tout en maintenant son torse avec votre main. Montrez-lui que vous n'avez pas d'appréhension, il sera en confiance. Savonnez-le en douceur à l'aide de votre autre main en n'omettant pas de nettoyer dans les plis. *Idem* pour le rinçage. Parlez-lui tout au long de ce moment, posément, calmement. Rincez-le puis enveloppez-le dans son drap de bain, et terminez par un séchage en douceur par petites pressions contre sa peau. Regardez-moi ces sourires !

Kif n° 3 : les papouilles

Vous le sentez un peu stressé ? Après le bain, installez une petite serviette bien moelleuse sur le lit. Prenez une crème hydratante pour bébé, réchauffez-la entre vos mains pour éviter le choc thermique et appliquez-lui délicatement (comme des caresses) sur le dos, le ventre, les bras, les jambes. Le massage l'aide à se libérer des tensions, apaise les maux de ventre… Que du bonheur !

Le trio gagnant : câlins, bain, papouilles !

Changer bébé : conseils idiots

Que les choses soient claires entre nous : lorsque je dis : « Changer bébé », je ne parle pas de retourner à la maternité pour en choisir un autre, non. Il n'y a pas de MAV (maternité après-vente). Je veux plutôt évoquer cette épreuve que chaque être humain normalement constitué redoute : changer une couche !

Épreuve n° 1 : l'odeur

Vous êtes paisiblement chez vous, relax, détendu. Soudain, un léger fumet envahit votre espace vital et vous chatouille les narines. Le doute s'installe, instinctivement, vous vous reniflez et, visiblement, ça ne vient pas de votre corps. Vous vous levez à la recherche du patient zéro et votre quête vous mène à la chambre du nouveau-né. En l'espace de moins d'une minute, il vient de violer les accords de Genève contre l'utilisation des armes chimiques.

Solution : pour ne pas mourir asphyxié, saisissez-vous d'un mouchoir, d'un torchon ou, dans le pire des cas, d'un slip, et mettez-y quelques gouttes de parfum. Ensuite, mettez le tissu sur votre bouche et votre nez façon bandana. L'idéal est de mettre une goutte d'huile essentielle de menthe poivrée sous le nez, comme les mecs qui font les autopsies sur les scènes de crime. Tout cela afin d'éviter une agression trop frontale.

Épreuve n° 2 : retirer la couche

Vous avez posé bébé sur la table à langer et la poubelle est prête à être utilisée (pas pour le bébé, mais pour le cadeau qu'il vient de vous offrir !). Le plus dur reste à faire : retirer la couche avec une seule main, car, oui, l'autre est posée sur le torse de votre enfant – ce n'est pas parce que votre bébé s'est transformé pendant la sieste en boule puante XXXL que vous devez être négligent. Tel un démineur, vous retirez d'un geste net mais précis, l'une après l'autre, les deux attaches afin de découvrir l'ampleur des dégâts. Et là se pose la question : « Comment un être qui fait moins de 60 cm peut larguer des bombes qui font le double de son poids ?! »

Solution : avant d'attaquer le déminage de la couche, et surtout pour préserver l'intégrité de vos ongles, enfilez des gants Mapa vert fluo que vous trouverez sous l'évier de la cuisine, sans oublier de les remonter par-dessus les manches de votre peignoir/chemise/pull. Dans le cas d'une situation extrême (diarrhée du nourrisson, gastro, changement de lait...), je vous recommande carrément d'opter pour la version *topless* afin d'éviter toute éclaboussure sur votre chemise ou polo du XV de France. Plus rien ne peut vous arriver !

Épreuve n° 3 : le piège à retardement

Avec précaution, vous avez bien nettoyé la zone concernée, sans oublier les fameux plis des cuisses. Ça brille comme un tank qui sort de l'usine ! Le bébé sourit, il est heureux ; vous lui souriez, vous êtes heureux. Et c'est au moment où vous allez lui mettre sa couche propre qu'un jet tel un geyser sorti de nulle part, un peu comme une double détonation, vous inonde le visage ! Petite parenthèse, le jet est peut-être moins haut chez les filles, mais il existe quand même, attention !

Solution : avant de changer la couche, mettez votre casque intégral de scooter/moto et abaissez la visière. Le jet retournera directement à l'expéditeur, c'est l'effet boomerang !

Rappel de la tenue de protection*

- ✓ Foulard parfumé
- ✓ Peignoir de bain
- ✓ Gants Mapa
- ✓ Casque de moto avec visière intégrale

Au niveau du look, vous êtes au top !

*Pensez à vous changer avant de sortir si vous avez des courses à faire, au risque de vous faire remarquer. Vous avez 75 % de chance de finir au poste de police et 25 % que l'on vous ramasse pour aller directement en HP (hôpital psychiatrique).

04

MISSION « ANNIVERSAIRE »

Il y a un an, ou quelques années plus tôt, jour pour jour, vous vous retrouviez dans un accoutrement ridicule avec une charlotte en papier sur la tête et des protège-chaussures du même acabit, coincé dans une pièce sinistre de l'hôpital (ou de la clinique) en train d'attendre que l'on vous appelle pour assister à l'accouchement de votre bien-aimée.

Vous vous souvenez de ce moment où vous aviez beaucoup plus d'ongles dans la bouche que sur vos doigts ? Ce moment où vous regrettiez de ne pas être fumeur ? Ce moment où vous regrettiez d'être fumeur (on ne fume pas dans une maternité !) ? Ce moment où vous doutiez de l'envie d'être père ? Ce moment où vous aviez peur d'assister à l'accouchement ? Ce moment tant redouté de voir le sexe de votre femme expulser celui ou celle qui deviendrait la prunelle de vos yeux ?

Je sens que vos souvenirs remontent à la surface à la lecture de ces lignes...

Et de cet instant de grâce où vous avez assisté à la naissance de votre enfant ? Ce moment où votre chérie d'amour vous a broyé la main pendant l'expulsion ? Cet instant de bonheur où, pendant les contractions, elle vous insultait dix fois plus qu'un personnage sorti tout droit d'un film de Tarantino (*Once Upon a Time in the Maternity*) ? Vous vous souvenez de ces moments de bonheur ?

Et ces premières nuits à ne pas dormir, vous vous les rappelez ? Ces replays cauchemardesques où chaque fois que votre nourrisson faisait un peu de fièvre vous trembliez encore plus que lui ?...

Vous croyez que vous avez vécu le pire ?

Eh bien non !

Ce que vous avez vécu là n'est que de la gnognotte comparé à ce qui va vous arriver aujourd'hui. Car aujourd'hui... c'est son ANNIVERSAIRE !

Le plus beau jour de sa vie.

Le pire jour de l'année pour vous, qui se résume en 6 voyelles et 6 consonnes !

Un seul et unique conseil : préparez-vous !

The D Day, la pire journée donc...

Vous avez eu la bonne idée, pour lui faire plaisir, de lui proposer d'inviter trois ou quatre copains et copines à la maison pour faire une petite fête. Enfin, ça, c'étaient l'objectif et le quota initiaux. Parce qu'en réalité, vous avez eu le malheur de lui demander quelles étaient les personnes qu'il avait envie d'avoir avec lui pour son anniversaire. Et là, vous vous êtes résolu à admettre qu'il a une vie sociale bien plus riche que la vôtre. Entre l'école, le judo, la danse, finalement, vous allez recevoir chez vous une vingtaine de ses petits amis.

Et, bien sûr, il a invité la terreur du préau, Nathan, qui à lui seul est capable de faire plus de dégâts que l'ouragan Katrina. Dans la liste, il y a aussi Emma ; oh, elle est mignonne, sauf que son jeu préféré est de mettre des chewing-gums mâchés dans les cheveux de ses camarades. Et on n'oublie pas Jean-Eudes, qui est intolérant au gluten, au lactose, aux fruits à coque...

Vous aimez le Tetris® ? Ça tombe bien, parce qu'il va falloir caser tout ce petit monde dans les 20 m^2 de votre salon. Un jeu d'enfant !

Et le goûter d'anniversaire ? Il va falloir acheter des bonbons, des boissons, le gâteau, sans oublier les bougies – sans vous tromper dans le nombre !

Vous êtes un DHD ou pas ?! Alors voici quelques étapes à suivre pour que tout se passe bien :

Étapes on-s'en-tape-pas !

- Dégager de l'espace, beaucoup d'espace !
- Cacher ce qui est fragile.
- Virer le tapis, sinon attention aux taches de soda.
- Décorer la pièce (on évite les ballons qu'ils vont éclater un par un !). (N.B. pour les novices : les guirlandes de Noël ne sont pas des décorations d'anniversaire.)
- Disposer des assiettes en carton remplies de bonbons (ne pas oublier les serviettes, idéalement assorties aux assiettes en carton, même si c'est plus marrant de s'essuyer sur les rideaux).
- Mettre les boissons sur la table.
- 30 minutes avant l'arrivée des enfants, imposer au sien de regarder un dessin animé.
- Se poser sur le canapé et respirer. Lentement. Inspire... Expire...
- Anticiper en avalant deux aspirines.
- Ouvrir la porte. Ah ben non, c'est déjà fait, votre enfant a été plus rapide.
- Virer gentiment le parent qui veut s'incruster. C'est son gosse qui est invité, pas lui !
- Faire une exception pour la maman de Mattéo, qui est gentille, jolie et célibataire.
- Récolter tous les cadeaux et les poser sur une chaise.
- Les laisser s'amuser.
- Ordonner de ne pas courir dans l'appartement.

- ✓ Ramasser les bonbons par terre au fur et à mesure pour éviter la catastrophe.
- ✓ Ordonner de ne pas courir dans l'appartement.
- ✓ Leur proposer un jeu.
- ✓ Ordonner de ne pas courir dans l'appartement.
- ✓ Prendre le goûter.
- ✓ Ordonner de ne pas cour... Oh, et puis faites ce que vous voulez.
- ✓ Apporter le gâteau d'anniversaire. Lui faire souffler les bougies.
- ✓ Éteindre le début d'incendie sur la nappe avec le soda.
- ✓ Faire la distribution des cadeaux.
- ✓ Ramasser les papiers cadeaux qui recouvrent le sol.
- ✓ Jouer au roi du silence.
- ✓ Séparer Eliott et Liam qui se bagarrent.
- ✓ Séparer Romane et Martin, mais pas pour les mêmes raisons.
- ✓ Jouer au roi du silence.
- ✓ Tenter de calmer tout le monde.
- ✓ Se résigner et attendre l'arrivée des parents.
- ✓ Déprimer en voyant l'apocalypse.
- ✓ Ranger.
- ✓ Construire les Lego® parce que ça ne peut pas attendre demain.
- ✓ Laver son enfant.
- ✓ Le coucher.
- ✓ Lui raconter une à trois histoires car il est surex'.
- ✓ L'entendre dire qu'il n'a pas encore dîné.
- ✓ Le relever.

- Lui faire des tartines de Nutella® au fromage (oui, ben on n'a pas le temps ni le courage de faire mieux), ou, au pire, finir le gâteau avec le Coca éventé.
- Le coucher à nouveau.
- Lui raconter encore des histoires.
- Lui faire un câlin.
- Lui dire « Je t'aime ».
- Retourner dans le salon.
- Se prélasser sur le canapé et allumer la télé.
- Retirer le Dragibus® recraché, collé à ses fesses.
- Tenter de comprendre ce que dit Laurent Delahousse au JT.
- Fermer les yeux.
- S'endormir – à moins que vous ne l'ayez déjà fait en lisant la première histoire.

Option zen

Puisque de toute façon c'est SON anniversaire, autant tout anticiper – eh oui, encore une fois, parce qu'un super-DHD, c'est un maître de l'ANTICIPATION). N'attendez pas qu'il soit surexcité pour agir et offrez-lui sa plus belle journée !

Auparavant, vous aurez pris la peine d'aller acheter son cadeau. Le truc sympa à faire, c'est aussi de le compléter par plein d'autres petits cadeaux que vous lui donnerez au fur et à mesure des heures qui passent. Toutes vos petites intentions lui rempliront le cœur de bonheur.

Surprenez votre enfant dès le réveil. Pour le réveiller, comme pour les « grands », apportez-lui son petit déjeuner au lit. N'hésitez pas à frapper à la porte en disant : « Room service ! Monsieur a commandé un petit déjeuner spécial bon anniversaire ?! » Il aura l'impression d'être unique en ce jour. Après qu'il a ingurgité tout son repas, vous pouvez lui donner un petit cadeau, une bricole. Vous gardez le gros pour le soir où vous serez tous les deux plus tranquilles, allez-y *crescendo* dans les cadeaux ! En général, c'est nous qui sommes les plus impatients de voir leurs réactions.

Si c'est un jour d'école, allez chercher votre enfant pour le déjeuner – mettez la directrice dans la confidence et prévenez-la en amont qu'il ne déjeunera pas à la cantine ce jour-là mais qu'il ne le saura pas à l'avance. Invitez-le dans son restaurant préféré et donnez-lui à nouveau un petit cadeau ; *idem* pour la sortie des classes à l'heure du goûter. Égrenez ces petites attentions tout au long de la journée, un peu comme le Petit Poucet avec ses cailloux... C'est fou ce que les contes pour enfants nous ont marqués !

Puis, le soir, au moment du gâteau et une fois qu'il aura soufflé ses bougies et que vous lui aurez chanté *Joyeux Anniversaire* comme un mauvais candidat de *The Voice*, offrez-lui son gros cadeau.

Ainsi, il aura passé une journée de rêve ! Et vous aussi... Beaucoup moins de ménage à faire... et votre complicité sera encore plus forte et plus belle, car après tout, les copains passent tandis qu'un papa, c'est pour la vie.

05

MISSION « TRADUCTION »

Il n'est pas forcément évident de comprendre ses enfants. Interpréter leurs émotions, les prendre en considération. Pour y parvenir, il est essentiel de prendre le temps de parler avec eux. De savoir comment ils se sentent, s'ils vont bien, s'ils sont heureux, ou si au contraire ils n'ont pas le moral. Accordez-vous chaque jour quelques minutes avec chacun d'eux au cours desquelles vous aurez une discussion sincère, attentive et bienveillante.

Parfois, ils n'ont pas envie de discuter, et dans ces cas-là, il est inutile d'insister. Mais sachez que vous parler, vous dire ce qu'ils ont sur le cœur, leur fait du bien. La discussion est un moyen efficace de prendre conscience de leur petit être et, de plus, un moyen fantastique d'établir un véritable rapport père/fils ou père/fille. Ne négligez pas ces moments privilégiés.

Timing : essayez de trouver chaque jour le bon moment, celui où vous sentez votre enfant apte à se livrer. Profitez de cette fenêtre ouverte pour lui poser toutes les questions qui vous viennent, mais, surtout, tendez votre oreille et donnez de l'importance à ce qu'il vous raconte, vous confesse.

Trouvez avec lui des solutions s'il rencontre des obstacles, des petits soucis dans sa vie. S'il vous raconte ce qui peut vous sembler une banalité, comme « J'ai marqué un but » ou « J'ai joué une scène de théâtre », félicitez-le ! Encouragez toujours votre enfant. Un enfant épanoui est un enfant qui va loin. Rappelez-vous... il faut faire germer sa petite graine de confiance. Toujours.

Maintenant, vous allez me dire qu'il n'est pas toujours facile d'établir un contact. C'est vrai. Il faut faire des efforts. Déjà pour les comprendre, notamment quand ils sont petits ! Je me souviens de mon fils, alors âgé de 2 ans, qui me disait : « Samantin gade les poils et arwé dodo. » Bien bien... Si vous n'avez pas Google Trad, vous êtes dans le bousin. Heureusement, sa mère a traduit pour moi : « Valentin regarde les étoiles et après, dodo. » C'était pourtant simple ! Euh... pas vraiment. Quand on ne comprend pas, on peut malgré tout se fier à leur attitude. Leur comportement en dit long sur leur état d'esprit.

Finalement, il n'est facile de communiquer avec ses enfants qu'entre 4 et 12 ans. Avant, on ne comprend que la moitié de ce qu'ils disent, c'est du charabia, et après 12 ans, on ne comprend carrément plus rien à leur langage d'adolescents ! Mais c'est cependant à nous, parents, de faire les efforts nécessaires et de communiquer !

Le dico des ados

Parce qu'il faut bien se faire aider un minimum pour saisir le monde de nos adolescents, voici un petit glossaire. Vous allez enfin pouvoir communiquer avec le vôtre ou tout simplement le comprendre. Attention : si vous-même utilisez ce langage avec lui, il va vous prendre pour un gros nase de daron !

Askip : tout simplement « à ce qu'il paraît » : « Askip y'a interro. »

Badass : à la base, c'est un dur à cuire, un mauvais garçon. Aujourd'hui, c'est plutôt employé comme : « c'est génial » ou encore « charismatique ».

Bet' : ne veut pas dire « idiot » ou « animal » mais plutôt : « c'est génial, c'est top » : « On a vu un bet' de film. »

BG : « beau gosse » : « J'aimerais sortir avec Farid, il est trop BG. » Antonyme : « cheum » (verlan de « moche ») : « Ah ouais ? Moi, je trouve qu'il est trop cheum. »

Cassos : « cas social », « idiot » : « Lui parle pas, c'est un cassos ! »

Chill : « être à la cool », « être bien ».

Crème : « ça le fait, ça passe tout seul ou les doigts dans le nez » : « J'ai fait croire à mes darons que je dormais chez Sarah, ça passe crème. »

Crush : venant du vocabulaire des sites de rencontres, tout comme « match », « avoir un crush » signifie « avoir un ticket, être amoureux ».

Dar : « ultra-positif » – en gros, on dirait : « C'est cool » : « Je vais au concert de Jul, c'est dar ! »

Jul : prononcer « Djoule ». Chanteur autotuné (voix trafiquée) de Marseille qui joue avec ses doigts mais qui est capable de faire six fautes sur un seul mot à deux syllabes. Arrêté pour excès de vitesse, certains ont souhaité que sa peine soit commuée en retour obligatoire à l'école primaire. Tu retournes à la case départ et tu ne touches pas 20 000 balles !

Daron/daronne : bon ben là, facile, retour aux années 1950. Il s'agit de vous ou de sa mère.

Friendzone : si Charlotte fait partie de la friendzone de votre fils, c'est qu'ils sont amis, pas amoureux. On peut également conjuguer ce mot : « Je pensais avoir un crush avec Raph, mais il m'a friendzonée (considérée comme amie), c'est dead (mort). »

Menbalek : de la jolie phrase « Je m'en bats les c*****es. » En gros, « je m'en fous » : « Tu peux raconter ce que tu veux, je menbalek ! »

OKLM : « au calme, zen ».

Peufra : « c'est trop bien ». Je n'ai pas trouvé l'origine, si vous avez la réponse, je suis preneur !

Saucé : « content ».

Seum : « honte » : « Elle lui a dit non, il a trop le seum. »

Yolo : de l'anglais *You Only Live Once*, « on ne vit qu'une fois ». Donc profitez de la vie.

Voilà de quoi vous aider un peu dans la compréhension entre vous et votre ado, et surtout à comprendre ce qu'ils se disent entre eux. Je vous déconseille de parler le « djeun's », vous allez vite passer pour un ringard « de ouf » ! De plus, leur langage change plus vite qu'un ado qui prend sa douche sans contraintes !

Opération réseaux sociaux

En France, nous ne sommes pas réellement au courant, mais il existe une « majorité numérique » pour s'inscrire seul sur les réseaux sociaux. Cette majorité est fixée à 15 ans. Cela vous donne un bon argument pour ne pas accepter que votre enfant s'inscrive sur les Facebook, Twitter, Snapchat, Instagram et autres réseaux qui les figent comme des poissons rouges devant un écran.

Pourtant, soyons honnêtes, dès l'âge de 10 ans, ils commencent à nous harceler pour apparaître sur la toile bleue. Heureusement, et c'est maintenant que je vous propose ce second argument choc : sur la plupart de ces sites, on ne peut pas créer de compte avant l'âge de 13 ans sans avoir l'autorisation des parents. Elle est pas belle, la vie ? Vous pouvez donc retarder un peu (pas trop, faut pas rêver) l'arrivée de votre enfant sur ces monstres chronophages à la gloire de son ego.

Cependant, plutôt que de fuir l'inévitable, guidez votre enfant. Même si à 13 ans on considère que l'adolescent est capable de recul, d'autoprotection et de sens critique, mieux vaut l'accompagner dans un premier temps. Lui enseigner les bases et lui faire prendre conscience des dangers de ces réseaux font à présent partie de l'éducation.

Petits conseils à prodiguer

- Créer un compte privé (non accessible à tous, il suffit d'aller dans les options).
- N'accepter que des gens que l'on connaît.
- Ne pas donner son adresse et/ou numéro de téléphone.
- Ne pas poster de photos compromettantes (en maillot de bain, par exemple).
- Ne pas *liker* n'importe quelle page.
- Ne pas géolocaliser son compte ni les endroits où l'on se trouve.

Les réseaux stars chez les enfants[1]

FACEBOOK

Le réseau social le plus connu. Il permet à ses utilisateurs de publier du contenu (images, photos, vidéos, fichiers...), d'échanger des messages et d'interagir sur les messages des autres utilisateurs. L'âge minimum requis est de 13 ans.

- 92 % des jeunes entre 8 et 17 ans utilisent leur vraie identité sur Facebook et livrent des informations personnelles.
- 48 % des enfants entre 8 et 17 ans sont connectés sur Facebook.

1. Source : www.e-enfance.org

- Seuls 55 % des jeunes discutent avec leurs parents de ce qu'ils font sur Facebook.

- 25 % des jeunes entre 8 et 17 ans disent avoir déjà été victimes d'insultes ou rumeurs sur Facebook.

SNAPCHAT

Application très prisée par les jeunes, elle permet d'envoyer des photos et vidéos qui n'apparaissent que pendant quelques secondes. L'application permet également de créer et de diffuser des *stories* (suite de photos et/ou vidéos) visibles à volonté mais uniquement pendant 24 heures.

- 350 millions de snaps sont échangés chaque jour dans le monde.

INSTAGRAM

Réseau social et service de partage de photos et de courtes vidéos disponibles sur les plates-formes mobiles. Depuis 2016, les utilisateurs peuvent également réaliser et diffuser des *stories* qui disparaissent au bout de 24 heures. L'âge requis pour Instagram est de 12 ans.

- 4,2 milliards de *likes* par jour.

- 600 millions d'utilisateurs.

- 95 millions de photos et vidéos postées par jour.

YOUTUBE

Plate-forme de partage de vidéos appartenant à Google. Il n'est pas nécessaire d'avoir un compte pour voir les vidéos, qui peuvent parfois être explicites.

- 4 milliards de vues par jour, dont 50 % *via* mobile.
- Parmi le top 10 des vidéos les plus vues sur YouTube, 9 sont des clips de musique.
- 1 milliard d'utilisateurs actifs.

SKYPE

Messagerie instantanée par vidéo, appel audio ou conversation écrite.

VINE

Application de Twitter qui héberge de courtes vidéos de 6 secondes qui tournent en boucle et peuvent être partagées avec les abonnés.

WHATSAPP

Application mobile de messagerie instantanée qui permet d'envoyer des messages ou d'appeler gratuitement ses contacts. **Non autorisé aux moins de 16 ans.**

L'importance du contrôle parental

En tant que parents, nous sous-estimons le danger que peut représenter Internet. Il arrive fréquemment que nos petits bouts tombent sans même le faire exprès sur du contenu vraiment non adapté. Par exemple, alors qu'ils surfent sur un site pour voir en *streaming* le dernier Marvel ou Disney (oui, c'est interdit par la loi, mais ils y vont quand même), va s'afficher une fenêtre faisant la promotion d'un site pour adultes. Et c'est généralement accompagné *a minima* d'un GIF (image animée) d'une demoiselle, et d'un membre de son équipe, dans une action non équivoque, clairement pornographique. Même s'ils ne cliquent pas sur le lien, ils auront vu des images choquantes pour eux.

Si ça vous arrive, retroussez vos manches, prenez une grande inspiration et parlez avec votre enfant de ce qu'il a vu. Expliquez-lui posément que ce sont des images pour adultes, et que non, ce n'est pas « ça » l'amour ou faire l'amour.

Il y a également des contenus sur des moteurs de recherche qui peuvent leur faire peur. Certains Youtubeurs n'hésitent pas à mettre du contenu violent et, malheureusement, nos enfants tombent dessus. Bonjour les cauchemars et les traumatismes !

Attention également aux challenges proposés sur la Toile. Si certains restent enfantins, d'autres sont terriblement dangereux. Le *Shell On Challenge* propose par exemple de manger des aliments avec leur emballage, ce qui, bien entendu, peut être dangereux pour la santé et provoquer l'étouffement. Nous avons eu droit également au *Momo Challenge* qui poussait les enfants dans une surenchère de défis, le dernier étant le suicide. Aujourd'hui, c'est *El Ayuwoki* qui les fait trembler. Les enfants acceptent leur invitation sur Facebook et, *via* Messenger, ils reçoivent des messages terrifiants, puis le fantôme de Michael Jackson (en fait une poupée très mal faite) viendrait dans leur chambre pour les tuer. En tant qu'adultes, ça peut nous faire rire, ou pas, mais dans l'imaginaire des petits, c'est psychologiquement violent. La peur de dormir s'installe, le sommeil en pâtit et, par effet papillon, les résultats scolaires aussi.

Surveillez de très près les sites sur lesquels navigue votre enfant. L'historique de votre moteur de recherche peut être très salutaire pour rectifier le tir. N'hésitez pas à prendre en considération ses émotions et, surtout, ne les minimisez pas.

Un numéro indispensable contre le cyberharcèlement

Pour savoir comment aborder le sujet avec votre jeune surfeur :
Net Écoute : 0 800 200 000
Site : www.netecoute.fr

06

MISSION « VDM »

Une VDM, sur les réseaux sociaux, est une anecdote concernant un événement pas très agréable. VDM signifie « vie de m***e ».

En ce qui concerne les DHD (Desperate HouseDads), une VDM est une anecdote de maman (vie de maman) à propos des papas (parce que non, nous ne sommes pas parfaits).

Bonne lecture !

Marine G., maman de Naël, 3 ans

« Ce soir-là, je travaillais. Le père de mon fils gardait Naël, qui dormait dans sa chambre. Devant la télé, mon mari eut envie de faire pipi. Pour ne pas faire de bruit afin de ne pas réveiller notre fils (surtout par flemme), il décida de se soulager dans la bouteille de soda. Le lendemain, après son petit déjeuner, mon fils se mit à vomir : "Maman, il est bizarre le Coca de papa." Avant de se coucher, son père avait laissé la bouteille sur la table du salon. Mon fils avait bu l'urine de son père. VDM-DHD. »

Fadila B., maman de Rayan, 6 ans

« En rentrant du travail, je retrouve l'intégralité de la vaisselle en porcelaine (assiettes/couverts/verres) du repas de midi dans la poubelle. Je la ressors et me rends compte que rien n'est cassé. J'interroge mon mari qui, avec beaucoup d'assurance, me dit qu'il a expliqué à notre fils que lorsqu'on n'a pas envie de faire la vaisselle, il suffit de tout jeter dans les ordures ! Une superbe éducation. VDM-DHD. »

Isabelle C., maman de Laura, 2 ans

« L'autre soir, j'ai été dans l'obligation d'aller chercher ma fille chez l'ex-copine de mon ex-conjoint. Il n'arrivait plus à "gérer" la petite, alors il a préféré renouer avec son ex qu'il n'avait plus vue depuis cinq ans pour s'en occuper... Il l'avait quittée pour moi... VDM-DHD. »

Manon L., maman de Jules, 4 ans

« Un dimanche soir, mon ex me ramène Jules. Je le vois arriver en plein hiver avec comme seul vêtement un tee-shirt XXL lui arrivant jusqu'aux pieds. Je demande alors ce qu'il s'est passé : "Il s'est sali au parc et je n'ai pas encore trouvé le temps d'acheter des vêtements de rechange. Mais je suis sympa, je lui ai mis mon tee-shirt préféré !" Un tee-shirt offert par ses copains à l'occasion de ses 30 ans avec marqué dessus en gros caractères : "La biffle ne fait pas le moine..." VDM-DHD. »

Mélanie K., maman de Roma, 3 ans, et Adam, 17 mois

« J'ai retrouvé mes enfants allongés sur le lit, complètement ballonnés. Le dessert n'était apparemment pas passé. Bon, il faut dire que leur père leur avait donné de la crème fraîche au dessert. "Ah bon ? Le fromage blanc et la crème fraîche, c'est pas pareil ?" VDM-DHD. »

Véronique D., maman de Valentin, 10 ans, et Julien, 8 ans

« Alors qu'ils étaient en primaire, comme je finissais à midi, le papa de mes deux garçons (6 et 8 ans à l'époque) devait aller les chercher à la pause de 11 h 30. Quelle surprise quand mes deux loulous sont arrivés tout seuls à 12 h 30 sans leur papa ! Il avait oublié, mais, surtout, il a préféré déjeuner avec des collègues. L'école est à plus de deux kilomètres de notre maison. VDM-DHD. »

Cécile B., maman de Lino, 9 ans

« Au travail, je reçois un MMS de mon homme qui dit : "Lino s'éclate sur le manège !" J'ouvre la photo sur laquelle mon fils, sous la brume hivernale, est en train d'attraper le pompon du manège sur une moto, fier comme pas possible... Un doute me prend, j'agrandis la photo et là, je le vois... Par -12 °C, mon fils était habillé en... pyjama ! VDM-DHD. »

Mei L., maman de Jade, 18 mois

« Exceptionnellement, mon mari s'est occupé de Jade. En rentrant, je le retrouve visiblement agacé d'avoir dû vivre une de mes journées de maman. Il aime son enfant, mais le gérer, c'est compliqué pour lui. Je décide de donner son bain à ma fille et là, je découvre sa couche attachée... avec de l'adhésif de déménagement "fragile" et une cinquantaine d'agrafes pour consolider le tout au cas où la couche voudrait se faire la malle ! "Quoi ?! Personne m'a dit qu'il y avait des attaches autocollantes !" VDM-DHD. »

07 MISSION « WEEK-END »

C'est le moment que vous avez choisi pour profiter de vos enfants en mode papa solo. Vous vous dites que c'est tout de même plus sympa de passer ces jours ensemble loin de votre maison et qu'il est vraiment temps de s'éclater et de leur fabriquer de jolis souvenirs. Et puis ça sera quand même plus agréable que de rester dans votre quartier. Cassez les habitudes, faites-leur plaisir, les enfants adorent ça !

Si vous habitez en ville, partez à la campagne !

Citadins, ça sera une joie pour eux (et peut-être pour vous) de voir des fermes avec de vrais animaux, des champs à perte de vue. Louez un petit gîte et partez à la découverte des environs. Au grand frais, sans pollution, les enfants peuvent courir, s'amuser, sans risquer d'avaler des particules fines. Fabriquez avec eux des cabanes, faites des jeux que vous ne pouvez pas faire en ville. Organisez une grande chasse au trésor. Quel enfant n'a pas rêvé d'être Jack Sparrow ?!

L'avantage, c'est que vous trouverez toujours un endroit où loger sans exploser votre budget. La campagne est une destination nettement moins chère que la montagne ou la mer.

Si vous vivez à la campagne, allez « à la ville » !

Choisissez une ville attractive, assez grande et pas trop loin de chez vous. Faites un parcours historique, visitez les lieux de culte, les musées. Vous logerez sans doute dans un hôtel, donc vous devrez les emmener au restaurant. Chez qui voudront-ils aller ? Chez... chez... le grand clown à la salopette ! Nous sommes tous d'accord, c'est de la *junk food*, mais de temps en temps, c'est quand même un bon kif. Ils seront hyperheureux et votre compte en banque aussi.

Vous avez également la possibilité de visiter une capitale d'Europe. Si vous vous y prenez à l'avance, les vols sont moins chers et, sur Internet, vous trouverez toujours des bons plans.

Les week-ends dans un parc d'attractions font eux aussi de merveilleuses surprises pour nos enfants, que ce soit le parc Astérix, Disneyland, le Puy du Fou, le Pal, etc. Ou alors allez visiter un zoo !

Pour les idées, pourquoi ne pas en discuter avec eux afin de connaître leurs envies du moment ? Impliquez-les dans la recherche de ce week-end idéal, ils adoreront ça. Ils se sentiront « grands ».

Choisir de partir, c'est simple. Trouver une destination, ce n'est pas trop dur.

Non, le plus difficile... c'est le trajet !

Opération transports

Aaaaaah, le plaisir de partir avec des enfants ! La bonne humeur, le sourire, la joie de vivre ! Ou parfois, les cris, les pleurs, les vomitos, les engueulades, les « c'est quand qu'on arrive ? », les « j'ai envie de faire pipi »...

Tentons de remédier à tout ça !

Règles de base

N'oubliez pas : vous partez pour vous détendre ! Alors ne vous mettez pas la pression et, surtout, ne leur en mettez pas ! Restez zen et tout se passera bien. Optez pour le mode « aoummm ». Organisez votre départ la veille. Les valises sont faites, leurs affaires sont prêtes, le pique-nique avec sandwichs et boissons n'a plus qu'à être mis dans la glacière isotherme, vous n'avez plus qu'à vous glisser sereinement dans votre voyage...

Voyage en voiture

Avant de démarrer, assurez-vous que les enfants sont passés par la case toilettes, ça vous évitera de vous arrêter un quart d'heure après le départ. Checkez que les ceintures sont bien attachées et que les petites bouteilles d'eau sont à leur disposition avec un paquet de mouchoirs.

Autorisez les consoles de jeux (oui, on achète la paix sociale), les petits lecteurs DVD avec leurs dessins animés préférés – si vous avez plusieurs enfants, c'est vous qui choisissez le film, sinon ça va partir en sucette !

Si le voyage est un peu long, n'hésitez pas à faire des arrêts pipi pour qu'ils prennent un peu l'air, qu'ils se dégourdissent les jambes. Et puis, même pour vous, ça sera utile ; pensez au bon café du distributeur qui vous attend... Un peu de caféine pour tenir, ça ne se refuse pas !

Si l'habitacle de votre voiture s'est transformé en caisse de résonance, optez pour la solution du jeu du silence. En général ça marche... 2 minutes. C'est toujours ça de pris.

Voyage en train

Si vous avez des enfants en bas âge, j'entends par là qu'ils sont incontrôlables de la bougeotte, ne vous trompez pas dans la réservation, au risque de vous faire détester par tout le wagon. Évitez de choisir l'espace calme, préférez l'espace famille. Vos gamins pourront faire du bruit sans que vous vous fassiez lyncher avant la fin du voyage, et c'est mieux pour tout le monde. Donc *exit* la 1re classe, même pas en rêve ! C'est blindé de costumes-cravates qui bossent leur compte rendu de conseil d'administration.

Pour divertir vos chérubins, en dehors des films qui restent une valeur sûre de tranquillité pour l'humanité, prévoyez un jeu de société, des feuilles et des crayons de couleur, un petit magazine... Et surtout, surtout, des Haribo, parce que « c'est beau la vie » !

Voyage en avion

Chaque enfant réagit différemment quand il s'agit de prendre l'avion. Certains sont surexcités (en particulier quand c'est la première fois), d'autres appréhendent. Dans les deux cas, il va falloir que vous les calmiez, que vous les rassuriez.

Le plus compliqué est de gérer un enfant qui a peur. Rassurez-le et positivez le voyage : « Regarde le ciel », « Le steward est gentil », « Dans deux heures, on sera dans un nouveau pays, tu vas pouvoir raconter ton voyage à tes amis. » Demandez-lui ce qui lui fait peur dans le fait d'être en altitude. Soyez à l'écoute et apportez-lui au maximum les réponses. Expliquez-lui comment fonctionne un avion, les enfants ont souvent peur car ils ne comprennent pas comment il peut s'envoler. Ne minimisez pas son anxiété. Vous pouvez également prévenir le personnel de bord que c'est le baptême de l'air de votre enfant, qu'il est à la fois excité et angoissé ; les hôtesses auront envers lui une attitude bienveillante et vous aideront à le mettre à l'aise.

Par ailleurs, munissez-vous toujours d'une boîte de chewing-gums pour les plus grands afin qu'ils n'aient pas mal aux oreilles au décollage et à l'atterrissage en raison des changements de pression atmosphérique. Si vous avez un bébé, prévoyez dans ce cas un biberon ; l'effet de succion calmera son inconfort auditif.

Récap' pour passer un voyage tranquille

1. On prépare la valise la veille.

2. On s'assure d'avoir son portefeuille avec ses papiers et la CB, le livret de famille, le carnet de vaccinations, etc.

3. On pense aux billets de train/d'avion, ou à mettre du carburant dans la voiture.

4. On confectionne des petits sandwichs et on pense aux boissons.

5. On n'oublie pas les consoles de jeux, le lecteur DVD, la tablette, ainsi que les cahiers et crayons de couleur.

**Détail important :
on n'oublie pas ses enfants à la maison !**

08

MISSION « POURQUOI, PAPA, HEIN ? POURQUOI ? »

APPELÉE AUSSI MISSION « QUESTIONS RELOUES », OU LE SYNDROME DU DISQUE RAYÉ

Nos enfants sont pires qu'un animateur de jeu télévisé. Ils nous posent sans cesse des questions pour lesquelles nous n'avons pas nécessairement la réponse. Qui saurait dire pourquoi la coccinelle a des points noirs sur sa carapace ? La personne qui a répondu la première que « c'est pour connaître son âge » est un génie et mérite toute notre reconnaissance.

Et que dire des questions existentielles, dont voici un bref florilège : pourquoi le ciel est bleu ? Et l'espace, ça va jusqu'où ? Et il est allé où papi quand il est mort ? C'est qui Dieu, il existe ? Comment on fait les bébés ? Pourquoi les filles elles ont un trait et pas un zizi qui dépasse ? C'est quoi cette bouteille de lait ?

Ça va, vous n'avez pas refermé le livre ? Vous avez encore tous vos neurones ?

Parfait ! Continuons.

Les enfants ont cette facilité déconcertante de nous mettre en difficulté. Il n'est franchement pas toujours évident de pouvoir répondre à toutes ces questions. Outre le fait que nous ne disposons pas forcément des réponses, il y a la complexité à trouver les mots justes pour bien expliquer et qu'ils puissent à leur tour comprendre ce que nous sommes en train d'expliquer. Vous suivez toujours ?

À moins de s'appeler Cédric Villani, je mets quiconque au défi de répondre à toutes leurs questions métaphysiques. Pour vous en sortir, mettez-leur un tuto des frères Bogdanov sur Internet, comme ça, ils vous demanderont plutôt pourquoi ils ont une tête bizarre. Question à laquelle il est beaucoup plus facile de répondre ! Oui, c'est petit, mais c'est grâce à ça que je m'en suis sorti avec mon fils !

En somme, il faut pouvoir leur répondre *a minima*, sans trop entrer dans les détails, histoire de rassasier leur soif de culture et, par la même occasion, de passer pour un super-papa cultivé. Par expérience, je sais que les demandes d'explications varient en fonction de la taille de l'enfant : plus il est grand et plus les questions nécessitent que vous-même regardiez des tutos avant de lui fournir une réponse valable ! Blanche-Neige n'avait pas ce genre de problème avec ses colloc'...

Pour nous, les pires questions sont celles qui gravitent autour de la sexualité, et notre éducation y est pour beaucoup. #casserolesdesvieillesgénérations

En voici quelques-unes :

- C'est quoi, papa, faire l'amour ?
- Comment on fait les bébés ?
- Ça sert à quoi les nénés ?
- Pourquoi le monsieur il met sa langue dans la bouche de la dame ?
- ...

Inutile de fuir, votre enfant ne vous lâchera pas, alors prenez le temps de lui répondre. Il faut, bien entendu, être le plus précis possible sans pour autant faire un commentaire composé digne d'un extrait de YouPorn[2]. Trouvez les mots justes et adaptés à l'âge de votre petite tête blonde/brune/rousse en utilisant le maximum de pudeur. *A contrario*, il est plutôt idiot de lui faire croire que les garçons naissent dans les choux et les filles dans les roses (une version alsacienne existe avec les cigognes). Vous pouvez quand même lui expliquer que faire l'amour, ce sont deux personnes qui s'aiment et qui se font des câlins pour se prouver qu'ils s'aiment vraiment beaucoup, beaucoup. L'échappatoire, si le questionnement vire à l'interrogatoire, est de lui répondre qu'il est encore trop petit pour tout savoir mais que, en revanche, vous êtes apte à lui expliquer pourquoi les coccinelles ont des points

2. Si vous dites que vous ne savez pas ce que c'est, vous êtes un menteur. Post-it de DHD : pensez à supprimer l'historique Internet de tous les écrans.

sur leur dos ! Parce qu'en fait, ce n'est pas de leur âge qu'il s'agit, elles ont un nombre de points spécifique en fonction de leur espèce. Et bim !

L'idée, c'est de pouvoir leur répondre au mieux et le plus sincèrement possible, sans avoir à leur mentir, et surtout d'adapter les réponses en fonction de leur âge.

Top 5 des questions classiques

N° 1 : « Pourquoi vous vous aimez plus avec maman ? »

Pour l'enfant, c'est toujours incompréhensible. Nous lui expliquons que si nous l'avons voulu, c'est parce qu'avec sa maman, nous nous aimions (et pas que le temps d'une chanson). Il faut comprendre que derrière sa question, il évoque sa peur qu'à notre tour nous ne l'aimions plus. Il est important de le rassurer à ce sujet : il arrive que les couples se séparent, mais jamais que les parents n'aiment plus leurs enfants (à moins d'être psychologiquement dérangés du bocal). Il faut bien aussi lui dire qu'il n'est pour rien dans cette séparation et le déculpabiliser. Nous aimons nos enfants ! Pour toujours ! Amen.

N° 2 : « Papi, quand il est mort, il est allé où ? »

Ah, la vilaine question ! Vous pouvez répondre pragmatiquement qu'il est au cimetière, mais généralement, ça va enchaîner sur : « Mais il y a quoi après la mort ? » Vous avez le droit d'être honnête et de lui apprendre que vous ne savez pas. Que personne ne sait. Après tout, on a le droit de ne pas avoir réponse à tout. Mais vous pouvez aussi avoir des croyances, pas forcément religieuses, plutôt sentimentales, sur ce qui se passe après la mort, et lui en faire part. Imaginer que sa mamie est devenue une étoile qui brille dans le ciel n'est-il pas une jolie façon de penser à elle et de pouvoir se tourner vers elle ?

Si vous êtes croyant, c'est le moment d'échanger sur vos convictions religieuses, de lui expliquer ce que c'est, lui raconter votre foi.

N° 3 : « Pourquoi la dame elle est blanche/noire/marron/jaune ? »

Les couleurs de peau sont directement liées aux grains de l'épiderme et aux pigments de la mélanine. Au fur et à mesure des siècles, la peau de l'humain s'est adaptée à son environnement et la mélanine protège du soleil. Plus l'on vit dans une région où le soleil est présent, plus la peau est noire. Le corps s'est adapté pour mieux nous protéger, comme un vêtement. Les parents transmettent à leurs enfants leur couleur de peau, qui varie du « brun foncé » au « blanc rosé ».

Mais à l'intérieur, nous sommes tous pareils ! Une phrase magique à leur dire : « Le sang qui coule dans les veines est de la même couleur pour tous les enfants dans le monde. »

N° 4 : « Pourquoi le ciel est bleu ? Et les nuages en coton ? »

Ben non ! Les nuages ne sont pas en coton et ce n'est pas non plus de la barbe à papa. Arrêtons de leur donner une image de la vie en couleur guimauve sur une pique à barbecue, ça ne leur rendra pas service plus tard lorsqu'ils seront confrontés au monde cruel du travail. C'est simplement de l'eau qui a givré ou s'est évaporée. Quand il fait soleil et très chaud, l'eau s'évapore de la mer, des rivières, des lacs, et ça monte dans le ciel. C'est grâce aux nuages que nous avons de l'eau douce ; comme la cafetière, ça filtre ! Et si le ciel est bleu, c'est grâce à la lumière que nous renvoie le soleil. Elle est composée de sept couleurs et, pour ne pas perturber le vol des oiseaux avec autant de couleurs, lorsque ça arrive dans l'atmosphère, tout se mélange et ça devient bleu ! Un DHD qui se respecte doit afficher une *poker face* pour gagner en crédibilité.

N° 5 : « D'où il vient, mon caca ? »

Eh oui, avec le temps, on n'y pense même plus, à cette question limite dérangeante. Si ça tient de la logique pour nous, ça ne l'est absolument pas pour les enfants. Eh bien, c'est simple, quand on mange, la nourriture devient de la bouillie grâce à l'estomac, puis elle passe dans un autre tuyau (l'intestin grêle, mais évitez les noms trop bizarres, ça va provoquer de nouvelles questions), qui va donner à tout le corps l'énergie dont il a besoin. Ensuite, tout ce qui ne sert à rien ressort par l'anus (le petit trou du derrière) sous forme de caca. Un peu comme quand on jette la peau de la banane à la poubelle parce qu'elle ne sert à rien. J'avoue que cette explication-là est... étrange, mais elle a le mérite de fonctionner auprès des tout-petits.

Bonus : « Dis, papa, c'est quand qu'on va où ? »

Alors celle-là, c'est cadeau ! Je crois que le message est limpide, votre enfant a envie que vous vous fassiez un petit week-end ensemble. Là, vous seul avez la bonne réponse, alors un petit conseil, reportez-vous au chapitre « Mission "Week-end" », page 127 !

Papas quiz

1. Pourquoi le Soleil se couche ?

a. Parce qu'il a sommeil (c'est un vrai un fainéant).

b. Parce qu'il a trop picolé (il a certainement bu un jaune).

c. Parce que la Terre tourne (il ne se couche jamais).

2. Pourquoi la mer est bleue ?

a. Parce que quelqu'un a mis du Canard® w.-c. dedans.

b. Parce que, comme le ciel, elle mixe les sept couleurs de l'arc-en-ciel.

c. Parce que si elle était rouge, on n'aurait franchement pas envie d'aller se baigner.

3. Pourquoi Spiderman a des super-pouvoirs ?

a. Parce qu'il s'est fait piquer par une araignée radioactive.

b. Parce qu'il a mangé des épinards et de la soupe quand il était petit.

c. Parce que son père vient de Tchernobyl et sa mère de Fukushima.

4. Pourquoi on a des poux ?

a. Parce que papa a une hygiène douteuse.

b. Parce que les poux sautent de tête en tête (ils tentent d'entrer dans le *Guinness Book des records*).

c. Parce qu'ils n'ont que ça à faire.

5. Pourquoi la Lune a parfois la forme d'un croissant ?

a. Parce qu'en forme de chocolatine, c'est plus compliqué.

b. Parce que régulièrement, elle a l'ombre du Soleil sur elle.

c. Parce qu'elle est musulmane.

6. Pourquoi tu réponds à ce questionnaire ?

a. Parce que je veux amortir mon investissement.

b. Parce que pour une fois, je peux répondre tout juste.

c. Parce que je suis un Desperate HouseDad formidable.

Réponses : 1c ; 2b ; 3a ; 4b ; 5b ; 6abc.

MISSION « ZE END »

Vous venez de terminer *Desperate HouseDad*. Déjà, je vous remercie de m'avoir accompagné à travers la lecture de ces pages et de m'avoir accordé un peu de votre temps précieux. Cela prouve que vous avez bon goût et, surtout, que vous êtes prêt à vous améliorer en tant que papa. Et s'améliorer, c'est déjà pas si mal. Nous aimerions tous devenir des pères parfaits, irréprochables, mais, soyons honnêtes, ce n'est pas évident. Et puis, qu'est-ce que la perfection, finalement ? Ce qui est bon pour un enfant ne le sera peut-être pas pour un autre. L'important est que chaque jour qui passe, nous fassions de notre mieux pour eux.

Oui, nous pouvons nous tromper de programme quand nous faisons tourner une machine. Non, nous ne sommes pas des super-nutritionnistes. Et c'est vrai que nous préférons regarder avec eux un film de baston plutôt qu'un dessin animé. Nous l'admettons, nous ne savons pas toujours accorder les vêtements, nous oublions parfois de bien nettoyer leurs oreilles, nous laissons souvent traîner la vaisselle, nous ne sommes pas très regardants sur l'heure du coucher, nous avons une grosse voix et nous nous en servons, pas toujours à bon escient, je vous l'accorde. C'est vrai aussi que nous ne faisons pas preuve de patience. Nous sommes les couteaux suisses de l'imperfection. Pour résumer, nous sommes des hommes, quoi !

Non, nous n'avons pas forcément la fibre maternelle, celle que détient la mère de nos enfants, nous ne savons pas les rassurer avec autant d'aisance qu'elles savent le faire. D'un point de vue culturel, nous sommes moins disponibles. Mais il n'est jamais trop tard pour évoluer, pour apprendre, pour être meilleurs...

Cependant, il y a une chose sur laquelle nous devons être irréprochables et qui est très facile à appliquer. Une chose essentielle sur laquelle nos papas ont fait l'impasse parce qu'ils étaient d'une génération qui n'exprimait pas ce genre de sentiments et que nous, les DHD des années 2020, devons changer. Cette chose évidente, vous l'avez compris, c'est de dire et répéter sans cesse à nos enfants que nous les aimons !

Même si nous ne sommes pas parfaits, leur exprimer notre amour pardonnera bien des erreurs. Les rappeurs toulousains Big Flo & Oli chantent si bien que « y a pas de bons pères, y a que des hommes qui font de leur mieux ». Il est donc très facile de dire à son enfant ces mots magiques : « Je t'aime. »

Exprimer nos sentiments ne nous rend pas moins virils, bien au contraire. Assumer notre amour pour nos enfants est la preuve d'une grande maturité. Alors, chaque jour, faisons-leur cette petite déclaration. Donnons-leur confiance, ne leur faisons pas seulement des reproches, attardons-nous à leur faire des compliments, encourageons-les. Les enfants ont besoin d'amour pour grandir et s'épanouir, alors dites-leur souvent que vous les aimez !

D'ailleurs, j'en profite pour écrire noir sur blanc à mes deux enfants que je les aime. Je vous aime « plus haut que la tour Eiffel » !

Ne vous demandez pas si vous êtes un bon père, devenez-le.

Être papa, c'est un travail quotidien. Portez-leur attention. Demandez-leur comment s'est passée leur journée, s'ils se sont bien amusés avec leurs copains, leurs copines. Si tout va bien à l'école, sans forcément leur mettre une pression sur les notes, leur vie ne se limite pas à ça et votre rôle non plus. Écoutez-les quand ils vous parlent de leurs jeux vidéo, même si ça ne vous intéresse pas vraiment. Interrogez-les sur le déroulement de leurs activités, leurs passions, comment s'est passé l'examen de danse, le tournoi de rugby, l'audition de guitare, si votre emploi du temps ne vous a pas permis d'y assister. Lisez les livres qu'ils aiment pour en parler avec eux, prenez le temps de regarder avec eux les émissions qu'ils apprécient. Écoutez-les et entendez-les. Ne négligez pas ces moments privilégiés, dans quelques années, il sera trop tard et vous le regretterez toute votre vie.

De temps en temps, partagez un moment où vous n'êtes qu'à deux. Faites-leur la surprise d'un cinéma, d'un restaurant, d'une balade. En réalité, peu importe la surprise, l'essentiel pour eux, c'est votre présence et qu'ils sentent combien ils sont précieux pour vous. Créez des moments magiques et offrez-leur et autorisez-vous de beaux souvenirs.

J'espère que ce livre vous aidera à assurer un peu plus dans votre quotidien de papa qui, je vous le rappelle, est LE plus beau rôle d'une vie.

Signé : un DHD qui vous veut du bien.

MISSION « REMERCIEMENTS »

Élisa Valentin

À toi, ma maman, Mina, qui en as élevé quatre sans jamais te plaindre alors qu'il nous arrive parfois de faire preuve d'ingratitude à ton égard malgré tout ce que tu continues à faire pour nous, sales gosses que nous sommes. Alors MERCI, et n'oublie pas que nous t'aimons tous. (Au fait, la table de la cuisine, c'est moi qui l'ai cassée.)

À Marie Pichon, des éditions Leduc, qui sait bien de quoi on parle. Merci également à Pauline Gaillard.

À Patrice Montico pour son soutien sans faille, mais qui n'a pas encore compris que le rôle de papa, c'est aussi de se lever la nuit, de préparer à manger et de changer les couches. Courage Alice !

À Christelle Williatte pour ses bons conseils et son attentive oreille.

À vous lecteurs, en espérant que ce livre vous sera utile et que vous deviendrez d'encore plus super-papas.

Et aussi à vous, lectrices, car je suis convaincue que même les mamans peuvent en tirer quelques bons conseils et devenir d'encore plus super-mamans.

Vincent Azé

À mon entourage, bordé de mamans et de papas solos :

Anaïs et ses petits Martin et Eliott.

Raphaël et son Liam.

Christelle et ses grands Sébastien et Justine.

Florence et ses petits Robin et Gaëtan.

Vanessa et son Noé.

Véronique et son Oscar.

Izabelle et notre Élisa et sa Victoria.

À Jean-Luc Lemoine, qui répond toujours présent, lui (merci Lemoinos).

À Marie Bô, qui, bien qu'elle soit très jeune, est ma maman de substitution tellement elle me gère tout.

À mes deux frères, Julien et Benjamin, qui sont des super-papas.

À ma sœur Pauline, qui est une super-tata.

À mes deux enfants d'amour, mes fiertés, que j'aime par-dessus tout plus haut que la tour Eiffel !

TABLE DES MATIÈRES

Prends-toi ça dans ta préface ! 5
Opération Desperate HouseDad.................... 8
Préambule 10

Saison I **UNE JOURNÉE D'ENFER !**

01. Mission « Réveil » 15
Bien réussir le réveil..........................17
Le cartable 17
Les vêtements..........................18
Debout là-dedans ! 21
Tout doucement.......................... 22
Le petit déjeuner 23
Un petit déjeuner équilibré.................. 24
Habillage.......................... 25
Sur le départ.......................... 25

02. Mission « Habille tes mômes » 27
Papa séparé ou divorcé 29
Acheter des vêtements......................30
Habille ton ado..........................31
L'astuce ! 31

03. Mission « École » 37
Organisation sortie d'école 39
L'astuce ! 39
Activités scolaires 41

04. Mission « À table ! » 45
Je deviens cuistot ! 47
Opération supermarché 50
L'astuce ! 52

05. Mission « Sortie de l'école » 53

06. Mission « Devoirs » 57
Étape 1 : préparation du terrain 58
Étape 2 : supporter ultra 59
Étape 3 : seul face au but 60

07. Mission « Début et fin de soirée » 61
Opération salle de bains 61
Le dîner 64
Solution 1 : la méthode douce 64
Solution 2 : la méthode dure 64
Le repas 65
La préparation du coucher 65

08. Mission « Couche tes mômes » 67
Créer un rituel 68
Le rituel pipi-les dents-au lit 69
À quelle heure ? 70

09. Mission « Repos » 73
Les petits trucs à faire pour rassurer 75

Être sur le qui-vive 75
Les câlinous 76
Les cauchemars 76

10. Mission « Bobos » 77
En cas de fièvre 77
En cas de petite plaie 78
En cas de petit hématome 78
En cas de diarrhée 79
En cas de « rhube » 79

Saison 2 **BONUS DHD**

01. Mission « Charge mentale » 85
Masse salariale de la personne au foyer 87
Cuisinier 87
Agent d'entretien 87
Pressing 88
Service à la personne 88
Taxi 89
Coach vestimentaire 89
Psy 89
Total 90

02. Mission « Dernière minute » 91
Option mamie 93
Version 1 93
Version 2 94
Option belle-maman 95
Les avantages 96

03. Mission « Nourrisson ». 97
L'avantage du nourrisson 98
Les inconvénients du nourrisson 98
Opération kifs 99
Kif n° 1 : le peau à peau 100
Kif n° 2 : le bain 100
Kif n° 3 : les papouilles 101
Changer bébé : conseils idiots 101
Épreuve n° 1 : l'odeur 102
Épreuve n° 2 : retirer la couche 102
Épreuve n° 3 : le piège à retardement 103

04. Mission « Anniversaire » 105
The D Day, la pire journée donc... 107
Option zen 110

05. Mission « Traduction » 113
Le dico des ados 115
Opération réseaux sociaux 118
Les réseaux stars chez les enfants 119
Facebook 119
Snapchat 120
Instagram 120
YouTube 121
Skype 121
Vine 121
Whatsapp 121
L'importance du contrôle parental 122

06. Mission « VDM » 125

07. Mission « Week-end ». 129
Opération transports 131
Règles de base 131
Voyage en voiture 131
Voyage en train 132
Voyage en avion 133

08. Mission « Pourquoi, papa, hein ? Pourquoi ? » . . .135
Top 5 des questions classiques 138
N° 1 : « Pourquoi vous vous aimez plus avec maman ? ». 138
N° 2 : « Papi, quand il est mort, il est allé où ? » 139
N° 3 : « Pourquoi la dame elle est blanche/noire/marron/jaune ? ». 139
N° 4 : « Pourquoi le ciel est bleu ? Et les nuages en coton ? » 140
N° 5 : « D'où il vient, mon caca ? » 140
Papas quiz 142

09. Mission « Ze End » 145

10. Mission « Remerciements » 149

À DÉCOUVRIR DANS

Guide de survie du jeune papa

~ édition augmentée ~ de Laurent Moreau

5 bonnes raisons d'acheter ce livre et de le lire (en plus) :

1. C'est écrit gros et il y a plein d'illustrations. Et ça fera au moins un livre que vous aurez fini.
2. Vous l'avez déjà à moitié lu dans le magasin, soyez honnête.
3. Vous pourrez le transmettre à votre enfant plus tard en lui disant : « Tiens, ça a changé ma vie. »
4. Vous ne pouvez pas le télécharger gratuitement. (Et le recopier à la main, c'est super long.)
5. L'auteur a aussi des enfants, et il faut que tout ce petit monde mange à sa faim.

Bonus : Il peut faire office de dessous-de-plat si vraiment vous n'avez rien d'autre.

Avec le décryptage illustré de PACCO et QUEEN MAMA

LA MÊME COLLECTION

Ma vie de papa cube

de Papacube

Un enfant ça va, trois : bonjour les dégâts !

De l'annonce de la grossesse à la découverte de deux bébés dans le ventre, jusqu'à l'accouchement, puis la vie à cinq, Papacube relate avec humour et émotion les grands moments de la vie d'une famille.

Tout y passe : le choix du prénom/de la poussette/du mode de garde, les relations avec la famille, les amis.

Un livre dans lequel tous les papas (et les mamans !) se reconnaîtront !

Achevé d'imprimer en décembre 2019
par Novoprint
Dépôt légal : janvier 2020

Imprimé en Espagne